基金项目："数字法治政府建设中《行政许可法》修订
（项目编号：SHZLYB2212），四川省哲学社会科学重点研究基地—

《行政许可法》

修订研究

赵　豪　徐　卓　严若冰　刘明君 ／ 著

四川大学出版社
SICHUAN UNIVERSITY PRESS

图书在版编目（CIP）数据

《行政许可法》修订研究 / 赵豪等著 . -- 成都 ：
四川大学出版社，2025.4
　（博士文库）
　ISBN 978-7-5690-6875-7

　Ⅰ . ①行… Ⅱ . ①赵… Ⅲ . ①行政许可法－研究－中
国 Ⅳ . ① D922.114

中国国家版本馆 CIP 数据核字（2024）第 089634 号

书　　名：《行政许可法》修订研究
　　　　　《Xingzheng Xuke Fa》 Xiuding Yanjiu
著　　者：赵　豪　徐　卓　严若冰　刘明君
丛 书 名：博士文库

丛书策划：张宏辉　欧风偃
选题策划：蒋姗姗
责任编辑：蒋姗姗
责任校对：吴　丹
装帧设计：墨创文化
责任印制：李金兰

出版发行：四川大学出版社有限责任公司
　　　　　地址：成都市一环路南一段 24 号（610065）
　　　　　电话：（028）85408311（发行部）、85400276（总编室）
　　　　　电子邮箱：scupress@vip.163.com
　　　　　网址：https://press.scu.edu.cn
印前制作：四川胜翔数码印务设计有限公司
印刷装订：成都金龙印务有限责任公司

成品尺寸：170 mm×240 mm
印　　张：10.75
字　　数：195 千字

版　　次：2025 年 4 月　第 1 版
印　　次：2025 年 4 月　第 1 次印刷
定　　价：68.00 元

扫码获取数字资源

四川大学出版社
微信公众号

目　录

导　论

通过行政许可来管制市场，是现代公共行政的一种重要方式，由此制定一部专门的行政许可法，成了理论和实践的重要议题。[①] 作为我国依法行政进程和体制改革的必然产物，2004 年《中华人民共和国行政许可法》（以下简称《行政许可法》）正式施行，标志着我国对政府权力的控制跨入了新时代。[②] 但自《行政许可法》正式施行以来，全国人大常委会仅在2019 年对该法第 5 条、第 31 条、第 72 条进行了局部修改。而在《行政许可法》施行的近二十年里，随着"放管服"改革的深入推进，行政许可制度各方面都有了重大调整，理念、范围、实施主体、程序、监督等领域取得了全方位改革成果。尽管取得了一定改革成果，但是现行《行政许可法》的滞后性、不完备、不适应等问题日益凸显，有必要予以修改完善。[③] 因此《法治政府建设实施纲要（2021—2025 年）》明确提出："修改行政许可法，完善行政程序法律制度。"由此《行政许可法》修改被正式提上立法日程。

当前聚焦行政许可修改的相关研究成果颇丰，在中国知网以"行政许可"为主题检索发现，截至 2023 年 6 月相关文献高达 2.5 万余篇。从研

[①]　如在 1997 年，马怀德教授曾就此专门就行政许可制度的问题进行系统阐述，并提出立法构想。马怀德：《行政许可制度存在的问题及立法构想》，《中国法学》1997 年第 3 期。

[②]　张树义：《依法行政—行政许可—法治政府》，《中国行政管理》2005 年第 1 期。

[③]　黄海华：《行政许可制度的立法完善探析——以〈法治政府建设实施纲要（2021—2025年）〉的出台为背景》，《中国司法》2021 年第 10 期。

究议题分布，既有研究主要聚焦于行政许可的范围、许可设定权的分配、行政备案、行政审批制度改革等内容。从时间维度分析，以《行政许可法》的颁布实施为时间节点，2004 年前后学界对行政许可研究较多。其中《中国行政管理》《法学》《行政法学研究》等刊物都有专题组稿论文。截至 2023 年 6 月，相关国家社科基金立项项目迄今也有 13 项。整体来看，学界对《行政许可法》修改的相关研究涵盖许可性质、调整对象/范围、设定权限、许可程序、具体许可制度（如撤销、中止、撤回等）、行政审批和相对集中行政许可权改革等方面。但需要指出的是，既有研究大部分聚焦于 2004 年施行的《行政许可法》，此时来看略显不足。① 对《行政许可法》修改的研究，并未及时回应数字政府建设和国家治理现代化的现实要求，理论相较于实践发展较为滞后。基于此，本文拟以目前学界《行政许可法》相关研究的理论文献为研究对象，从行政许可基础理论、具体行政许可制度、行政许可程序、行政许可改革（行政审批改革、相对集中行政许可改革）等维度展开对文献的梳理，整合当前研究的现状、主要观点和理论争议，就此进行系统反思，并结合当前数字政府建设和国家治理现代化的实践对《行政许可法》的修改方向提供智识参考。

---

① 如有学者指出，2004 年《行政许可法》的颁布实施，彼时来看体现了许多先进的观念或原则。如权利观念、有限政府观念、有效政府观念、责任政府观念、公开政府观念、服务型政府与程序公正观念、廉洁政府观念和发挥中央与地方两个积极性的观念等。但自实施以来，在实践中存在法律规范与社会发展之间不同步、《行政许可法》立法模式本身的局限性、既得利益集团的抵制、《行政许可法》本身的缺憾与立法技术的限制等诸多方面的问题。《行政许可法》实施历程表明，其法律效用不彰，背离了立法预期。正由于该法实施重心的偏差，行政主体采用"规避法律""选择执法"策略，加之隐性权力的干涉、"旧体制"的障碍、立法的非完美性等缘故，致使法律实践及其张力，遭遇各方面顽强阻抗。这些阻却因素致使规制的对象逃逸、法条休眠、功能失效，从而衍生法律被虚置化的现象。实践中出现将许可与审批相分离的趋势，更是加剧法概念体系的不稳定性。这些问题也亟待从机构设置、规则细化和体制完善等方面，采取有力措施加以应对。这也是理论界和实务界呼吁尽快修改《行政许可法》的原因所在。

一、《行政许可法》修改的主要理论争议

（一）行政许可设定权在横向与纵向维度间如何分配

从法规范视角来看，当前《行政许可法》第二章（第 11 条至第 21 条）规定行政许可的设定，其中包括：行政许可设定的原则（第 11 条），行政许可的设定事项（第 12 条），不设行政许可的事项（第 13 条），法律、行政法规、国务院决定的行政许可设定权（第 14 条），地方性法规、省级政府规章的行政许可设定权（第 15 条）等内容。而学界对行政许可设定权的研究主要集中在第 12～15 条，主要围绕以下内容展开：

第一，从行政许可设定权的定性出发，回到法律保留的一般理论。如有论者认为，行政许可设定权的分配关涉国家与社会的关系、中央与地方的关系。合理分配行政许可设定权不仅关系对公民自由的保障，也涉及国家权力配置的科学性。[①] 正是考虑"设定"作为一种立法行为，其应遵循许可设定法定、设定权与实施权相分离原则，也需考虑我国立法体制和实践需要。[②] 就此，有学者认为行政许可方式的选择适用应遵循比例原则的要求，在众多的事前与事后干预手段之中选择最佳的方式；行政许可设定权的行使应遵循层级化的法律保留原则，中央立法与地方立法、人大立法与行政立法都应受到严格法律限制。[③]

第二，从现行法规范出发，就行政许可设定权的层级分配作教义学解读。从当前规范来看，在设定权配置上，法律可以创设任何形式的许可，行政法规在不违反宪法法律，且无涉国家利益和公民权利的内容时，可以设定许可。地方性法规依法律的授权，可根据地方行政管理需要，仅对本行政区域内属于地方管理的事务设定行政许可制度。郭道晖教授则认为，设定许可是对公民和法人行使权利的限制，因此许可的设定只应由法律来

[①] 俞祺：《行政许可设定权的层级分配》，《行政法学研究》2022 年第 6 期。

[②] 郑瑞虹、王东风：《论行政许可设定权》，《法制与社会发展》2000 年第 6 期。

[③] 李明超：《行政许可设定的三层次分析》，《河南财经政法大学学报》2019 年第 3 期。

规定。① 也有学者基于立法实践考察后指出，科学合理的许可设定权制度框架应在一定程度上融合立法实践中实际形成的规则。基于立法实践的启示，其认为法律之下的规范设定的许可应主要针对经济性活动，资源配置类许可的设定权可被赋予对资源有使用权的主体行使，在政策不稳定的领域中有必要允许更灵活的许可设定行为，同时许可的具体规定权应根据不同情况而区别对待。② 回到《行政许可法》既有规范来看，并没有授予部门规章行政许可设定权，根本原因在于《中华人民共和国立法法》（以下简称《立法法》）所规定的部门规章属于一种执行性行政立法，与地方政府规章既有执行性，又具有一定范围内的创设性的立法职能不同。

第三，国务院能否通过决定的方式设定行政许可？学理一般认为，国务院制定决定的职权，来源于《中华人民共和国宪法》（以下简称《宪法》）第 89 条关于国务院职权的规定。可《行政许可法》第 14 条第 2 款规定之国务院可用决定方式创设行政许可的权力，给行政许可实践的展开带来诸多桎梏。如徐继敏教授指出，虽然国务院设定行政许可具有合法性，但在实践中存在诸多问题。国务院设定行政许可的实践妨碍了《行政许可法》实施，增加了行政审批制度改革的难度。③ 更有甚者认为，《行政许可法》第 14 条第 2 款是一个"破天荒"的规定，将理应由立法性文件承担的职能赋予国务院决定。④ 沈福俊教授认为，该规定赋予国务院的许可设定权限，仅仅是一种特殊状态下的临时性权力，应及时转化为法律、行政法规设定的行政许可。⑤

---

① 郭道晖：《行政许可的设定原则与分类》，《政治与法律》2001 年第 6 期。

② 俞祺：《行政许可设定权的层级分配》，《行政法学研究》2022 年第 6 期。

③ 因为实践表明，国务院存在滥用行政许可设定权随意设定许可事项，且设定程序、内容不规范，非许可审批、核准等措施跳脱《行政许可法》的约束。徐继敏：《国务院设定行政许可实践研究》，《行政法学研究》2015 年第 1 期。

④ 应松年、杨解君主编：《行政许可法的理论与制度解读》，北京大学出版社 2004 版，第 187 页。

⑤ 国务院设定的行政许可存在数量庞大、个别主体不规范以及没有及时转化为法律、行政法规所设定的常规性行政许可等问题。应从明确行政许可设定的"必要性"标准、规定行政许可实施的"临时性"期限、控制行政许可设定的数量以及完善对行政许可的评价机制等方面，对国务院决定行政许可权设定权进行必要的规制。沈福俊：《国务院决定行政许可设定权：问题与规制》，《社会科学》2012 年第 5 期。

第四，地方设定行政许可的权限范围。当前我国行政许可设定权的立法配置并不合理，集中于中央忽视了地方立法机关和政府应有作用，也有碍市场经济下地方政府间的良性竞争，应适当扩大地方立法以及行政机关设定行政许可的权力。① 徐继敏教授对此也指出，严格限制地方设定行政许可，会导致地方政府在部分领域履行职责缺乏应有的许可手段，所以要适当扩大设区的市设定行政许可的权限。② 此外，立足我国当前的立法体制，对自治法规作适当区分，配置行政许可设定权并完善相关制约机制是当前可行的选择。③ 金自宁教授认为，鉴于对地方立法创设行政许可设立相关权限解释的争议，应当引入体系视角重述与上位法相抵触，承认地方立法在上位法所确定的框架秩序下享有一定的选择空间，并由此超越"领域说"与"事项说"之争，从宪法—组织法—行政许可法三个层次、授权与限制两个方面整体把握我国地方立法行政许可设定权之规范体系。④ 茅铭晨教授认为，地方行政许可设定权应当严格控制并与地方的相对放权相统一，行政许可应限于"附条件的法定权利"，属于监督性、管制型的行为，依特定的、明示的申请行为作出"许可"的行为，以及行政许可法第12条拟定的事项。⑤

（二）行政许可调整的范围或设定事项如何确定

虽然《行政许可法》第12条和第13条从正反两方面划定了许可事项的范围或领域，但囿于立法语言的模糊性以及许可评价机制的虚置等原

---

① 一是扩大地方性法规可以设定行政许可的范围；二是对法律、行政法规已经设定行政许可并明确条件的，应当允许地方性法规根据相关法律的立法精神作出变通；三是允许地方性法规"取消"某些不符合地方实际的行政许可。曹缪辉、王太高：《行政许可设定权的反思与重构》，《学海》2012年第4期。

② 徐继敏：《数字法治政府建设背景下〈行政许可法〉的修改》，《河南社会科学》2022年第11期。

③ 熊威：《论我国自治条例、单行条例行政许可的设定权》，《黑龙江民族学刊》2007年第2期。

④ 金自宁：《地方立法行政许可设定权之法律解释：基于鲁潍案的分析》，《中国法学》2017年第1期。

⑤ 茅铭晨：《对地方行政许可设定权的若干认识》，《政法论坛》2005年第1期。

因，现有的范围或领域划定难以有效实施。而且随着行政实践的发展，《行政许可法》调整范围过于狭窄、许可的分类不合理等问题几遭诟病。① 因为如果一般地套用这两条的规定，几乎可以说任何事项都可以设定许可，也可以都不设定许可，如此划定依据实在是难称科学。要真正使这两条规定发挥作用，必须通过立法技术的改进，对每一项需要设立行政许可的事项进行成本效益分析，得出量化结论。② 就此有论者认为应在既有许可评价机制的运作中，尽快出台统一的评价机制立法，最大限度地界定许可设定范围。③ 也有学者认为可以根据政府规制模式的选择替代工具，其间立足"替代性方案"所应具有的目标范围，以政府和市场为基本的设计维度，从"政府做什么"和"政府不做什么"两方面进行具体的体系构建。④ 王克稳教授采用类型化的研究方法，认为以审批的功能与作用为标准，大致可将审批分为资源配置类、市场进入类和危害控制类三大类。⑤ 席涛教授采用法经济学的交叉学科研究方法，指出市场失灵是划分政府与市场关系的边界，也是政府行政许可的理论基础。行政许可制度设计了登记、认可、核准、普通许可和特许五种方式，致力于解决和应对市场失灵产生的垄断与市场势力、信息不对称、负外部性和公共产品问题。⑥ 高秦伟教授利用成本收益分析方法，对政府与市场关系中政府规章制度进行了

---

① 行政审批概念与行政许可概念发生了两个目前还难以完全解释其中原因的重大变化。一是两个概念出现了分离，出现了所谓的非许可的行政审批概念，使行政许可概念在覆盖的范围上远远小于行政审批概念。二是行政许可法的调整范围本身也被实质性地缩小，无法实现最初的立法目的。周汉华：《行政许可法：观念创新与实践挑战》，《法学研究》2005 年第 2 期。

② 周汉华：《行政许可法：观念创新与实践挑战》，《法学研究》2005 年第 2 期。

③ 李诗林：《论行政许可设定范围的合理界定——对〈行政许可法〉第 13 条的批判性思考》，《行政法学研究》2008 年第 3 期。

④ 曹阳昭：《"替代性方案"：解困行政许可可设定的新路径》，《甘肃社会科学》2014 年第 6 期。

⑤ 资源配置类审批改革的方向是减少国家队资源的控制和垄断并保证国有资源分配的公平、公正；市场进入类审批改革是降低进入门槛，打破进入壁垒，激发市场活力；危害控制类审批改革的方向是打破传统体制下建立起来的审批管控制度，将审批范围收缩到那些具有社会危害性、且通过其他方式不足以有效控制危害的社会活动方面。王克稳：《论行政审批的分类改革与替代性制度建设》，《中国法学》2015 年第 2 期。

⑥ 席涛：《市场失灵与〈行政许可法〉——〈行政许可法〉的法律经济学分析》，《比较法研究》2014 年第 3 期。

探讨，认为除非行政许可的社会收益或者潜在的社会收益能够证明其社会成本或者潜在的社会成本是适当的，否则不应该设定行政许可，而科学设定行政许可，除了从合法性角度对设定主体加以规范外，还需要从合理性角度对行政许可本身进行规范，建构设定行政许可的经济、社会影响说明以及与之相关的规制影响分析制度，并可以设立专职机构负责规制影响分析。[①]

（三）如何将行政许可有关改革经验转化为立法规范

一是聚焦相对集中行政许可制度改革，提炼实践经验推动许可制度完善。近年来，围绕行政审批制度的改革[②]，深刻地影响着政府的执政理念、执政能力和执法方式的转变。随着我国加入 WTO，推动行政审批制度改革更是加速推进。[③] 其中，相对集中行政许可权[④]的改革作为行政审批制度改革的全新尝试，成了行政审批制度改革的一个方向。[⑤] 其价值在于促进行政体制改革、保障行政机关正确行使权力和方便行政相对人获得

[①]　高秦伟：《行政许可与政府规制影响分析制度的建构》，《政治与法律》2015 年第 9 期。

[②]　初步梳理来看，可能存在三种类型：1995 年深圳的行政审批服务中心，2008 年成都的行政审批局模式，上海浦东的"一业一证"相对集中行政许可权模式。随着 2014 年《国务院关于清理国务院部门非行政许可审批事项的通知》（国发〔2014〕16 号）发布，启动非行政许可审批事项清理工作。2015 年 5 月，《国务院关于取消非行政许可审批事项的决定》（国发〔2015〕27 号）发布，正式取消"非行政许可审批"的审批类别，学界多年的呼吁终获政府积极回应。但仍有相当部分的非行政许可审批事项以核准、备案、确认等形式，改头换面后得以继续存续。所以，行政许可与行政审批的关系，仍需要继续研究，并在《行政许可法》修改中予以明确。

[③]　有学者指出，行政审批制度改革需要继续清理和调整行政审批项目，杜绝部门权力利益化，持续政府的自我"革命"。徐静琳、陈琦华：《WTO 与中国行政审批制度改革》，《上海大学学报》（社会科学版）2011 年第 2 期。

[④]　《行政许可法》第 25 条规定："经国务院批准，省、自治区、直辖市人民政府根据精简、统一、效能的原则，可以决定一个行政机关行使有关行政机关的行政许可权。"此规定赋予了相对集中行政许可改革的合法性基石。但实践中对相对集中行政许可权概念的认识存在混乱。就此徐继敏教授梳理后指出，相对集中行政许可权应当是将一个许可机关的权力转移为另一个行政机关行使，应当是行政许可权力的集中。徐继敏：《相对集中行政许可权的价值与路径分析》，《清华法学》2011 年第 2 期。王克稳教授也认为，相对集中行政许可是将行政许可权从法定部门的职权中分离出来交给其他部门行使，涉及法定许可机关的变更和法定职权的转移。王克稳：《论相对集中行政许可权改革的基本问题》，《法学评论》2017 年第 6 期。

[⑤]　黄小勇、闫晶、张爱军等：《推进相对集中行政许可权改革的思考》，《国家行政学院学报》2011 年第 3 期。

行政许可。与设立行政审批局作为相对集中行政许可权的一种模式不同，实践中行政服务中心并非此类模式。而从行政服务中心到行政审批局，相对集中行政许可权制度组织演化与变迁逻辑主要是围绕如何降低行政审批跨部门协调的制度成本展开的。但设立行政审批局并非相对集中行政许可权的最佳选择，宜采用分散集中行政许可权模式。① 王敬波教授也认为，在尚未破除行政管理体制性障碍的情况下，相对集中行政许可权的实施要根据行政管理的不同维度选择不同的集中模式，采取分步走、分散式集中的方式推进。② 对于相对集中行政许可权制度在组织法和程序面临的诸多法律困境③，其法治化改革成了应有之义，学界也就此提出诸多改革策略。如有学者认为改革的制度安排应考虑从主体建构、职能限制、机制设计三个维度展开。④ 也有学者认为，行政审批局模式下许可权的相对集中意味着应以多层次、系统化的方式实现许可权的集中运行。在运行模式上，需根据行政任务的差异区分不同类型许可事项，在同层级部门之间以及各层级政府间进行许可权的分配。⑤ 亦有学者则指出，规制行政审批制度改革需要保障《行政许可法》的实施与执行，依法修订与废止有关规范性文件，实现行政管理立法的创新，以立法推动国有企业逐步退出竞争性

---

① 徐继敏：《相对集中行政许可权的价值与路径分析》，《清华法学》2011 年第 2 期。

② 王敬波：《相对集中行政许可权：行政权力横向配置的试验场》，《政法论坛》2013 年第 1 期。

③ 如有学者指出，相对集中行政许可权模式构建也面临着行业综合许可的法律属性不够明晰、许可法依据不足、欠缺组织法保障等问题。俞四海：《相对集中行政许可权模式革新与立法进路——以浦东新区"一业一证"改革为例》，《东方法学》2022 年第 5 期。

④ 组织法问题表现为：一是违背职权法定原则；二是违反行政分权原则；三是背离组织效率原则。程序层面表现为复核条件冲突时法律位阶排序程序缺失，协调机构在联合标准制定时的权力僭越，联合审批综合性准入与部门单领域管理冲突。刘恒、彭箫剑：《相对集中行政许可权的制度变迁》，《理论与改革》2019 年第 2 期。此外也有学者指出，当前行政审批改革存在政府越位、监管缺位、法律规范不到位等突出现象。未来改革应实施简政放权，从根本上推动政府职能的转变、完善监管体制、健全法律保障是关键所在。李波等：《行政审批制度深化改革的困境与出路》，《政治与法律》2013 年第 11 期。

⑤ 石肖雪：《相对集中行政许可权实现机制》，《法律科学（西北政法大学学报）》2022 年第 4 期。

的行业和领域，从法律上切断审批权力与利益的联结。① 也有学者提出要通过加大中央授权与放权②、完善地方行政审批改革立法、强化公众参与等手段，破除地方行政审批改革的困境。③ 还有学者认为构建事中事后监管机制应成为当前中国行政审批改革的一项紧迫议程。④

　　二是以行政审批负面清单管理切入探讨行政审批法治化路径。如有学者认为应基于此及时修改完善《行政许可法》，健全行政审批配套制度。⑤ 但目前在构建行政审批权力清单中存在着审批事项和审批权力设定依据混乱、清单标准模糊、清单形式不一等问题。⑥ 对此有学者认为需要明确审批权力清单的法律标准——审批事项的合法性标准和审批设定权限的合法性标准。⑦ 基于国家治理现代化目标、行政审批制度改革实践和优化营商环境政策等因素考量，《优化营商环境条例》提出"国家实行行政许可清单管理制度"。就此有学者认为行政许可清单构建宜采用许可事项改革清单模式。⑧

　　随着改革的进一步深入，"放管服"改革和行政审批下放成了行政审批改革的重要环节，并在实践中被广泛地运用。就此有学者认为，本轮

---

　　① 行政许可法规制的对象是行政许可，而行政审批制度改革的对象是行政审批，行政许可法要有效规制行政审批，不仅要对行政许可的含义与范围有清晰的界定，而且需从立法上明确行政审批与行政许可的关系。王克稳：《我国行政审批制度的改革及其法律规制》，《法学研究》2014年第2期。

　　② 就此有学者认为，为减少对已进行的相对集中行政许可权改革合法性的质疑，促进全国各地的相对集中行政许可权改革，国务院有必要对相对集中行政许可权改革予以统一授权。殷飞、申海平：《组织法下的相对集中行政许可权改革研究——以成都市武侯区相关改革为例》，《中国行政管理》2016年第4期。

　　③ 黎军：《行政审批改革的地方创新及困境破解》，《广东社会科学》2015年第4期。

　　④ 卢超：《事中事后监管改革：理论、实践及反思》，《中外法学》2020年第3期。

　　⑤ 刘云甫：《行政审批法治化的法理分析及路径选择》，《暨南学报（哲学社会科学版）》2015年第6期。

　　⑥ 行政审批权力清单建构中的法律问题系统阐述，王克稳：《行政审批（许可）权力清单建构中的法律问题》，《中国法学》2017年第1期。

　　⑦ 其中审批事项的合法性标准应以《行政许可法》第12条、13条规定为基础，判断可以进入权力清单的审批事项。审批设定权限的合法性标准应以《行政许可法》第14条至第17条的规定为基础，对审批权力的设定依据进行全面筛选，阻止不符合设定权限标准的审批权力进入清单。王克稳、张贺棋：《论行政审批权力清单的法律标准》，《行政法学研究》2015年第6期。

　　⑧ 余珊珊：《基于"事项"识别的行政许可清单制度建构》，《中国行政管理》2021年第12期。

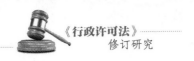
"放管服"改革依然沿袭行政审批制度改革的运动化、政策化思路,并不完全符合法治政府建设的基本要求,要提升"放管服"改革的法治品性,需要以《行政许可法》的有效实施为核心,通过设立专门的社会化的"放管服"改革委员会、激活行政许可评价制度、引入更广泛的专家和社会参与、完善试验改革的授权制度、优化规则工具分析评价制度几个方面来实现。① 而行政审批下放的内在本质是授权与委托,背后运行的制度逻辑是实现地方的有效治理。下放过程中承接机关缺乏主体资格,需要通过规章授权和修改法律法规进行合法性补强;事项范围和层级的混乱,亟待合比例地统一标准和条件;正当程序的缺失,则要通过内部程序、公众与专家的有效参与以及完整的信息公开等程序设计予以填补。② 考虑行政许可作为一种政府监管措施,其功能目标应是保障和实现权利。进一步推进行政许可领域审批改革,应当细化和完善政府监管的总体框架结构,有机衔接行政许可和其他政府监管措施。从行政许可权力运行规范化的角度出发,还应强化行政许可权力的可问责性,将行政许可与行政规范性文件治理、专家委员会等制度措施做有效衔接。③ 诚然,学界对行政审批改革的研究热度不减,前述观点仅仅是其间的一些注脚。行政审批改革还需将行政审批的具体类型、设定权限、实施程序、评价制度纳入行政许可法规制领域,这些领域的改革或将成为行政许可法的修改要点。

三是聚焦许可告知承诺制度推进行政许可制度变革。早在《行政许可法》出台前,上海市就率先在行政许可领域开展了许可告知承诺制改革。经多年打磨,各地行政许可告知承诺制日臻完善。许可告知承诺制通过对传统许可程序的简化再造,降低了市场进入门槛与成本负担,市场申请主体只需作出承诺,便可拟定具备资质,而将风险防控的行政任务交由信用规制等事中事后监管工具来承担,许可告知承诺制与事中事后监管在这一

---

① 皮协中:《"放管服"改革的行政法意义及其完善》,《行政管理改革》2020年第1期。

② 郑琳:《逻辑与进路:行政审批下放制度如何实现地方的有效治理与法治化》,《交大法学》2021年第3期。

③ 王奇才:《"放管服"改革中的行政许可:功能定位与制度衔接》,《福建师范大学学报(哲学社会科学版)》2022年第2期。

行政过程中渐次形成"互动共演"的关系。[①] 就其性质而言，行政过程论研究范式下的许可告知承诺制包括公告行为、决定行为、检查行为和制裁行为，能够较好地揭开许可告知承诺制的"面纱"。[②] 就此有学者总结其大概包括七种类型——责任提示型、证明替代型、优化程序型、简化程序型、审批取消型、容缺受理型、容缺办理型。[③] 其中，容缺受理[④]的争议最大。喻少如教授等人认为，容缺受理制度具备实质正当性，是对《行政许可法》漏洞的填补，并服务于行政裁量和整体政府改革，行政许可的受理环节属于行政机关的程序裁量权范畴，需要对容缺受理的条件、范围、程序及后续监管问题予以完善。[⑤] 与此相对，有论者则认为容缺受理制度面临的最大难题就是合法性问题，该制度目前缺乏法律依据，容易导致自由裁量权滥用，冲击现有法治秩序，应当尽快争取全国人大及其常委会的授权，或者通过地方人大及其常委会制定地方性法规，以增加容缺受理制度的合法性与权威性。[⑥] 从性质来看，有学者指出，容缺办理行政许可是一种附解除条件的行政行为，在作出时即生效。但由于此时部分承诺的次要条件尚未达成，所以效力存在瑕疵。如相对人在承诺期内未能消除瑕疵，则解除条件达成，该行政许可失效；如承诺完成，则解除条件未达成，行政许可继续有效。[⑦] 除此之外，基于生态环境中的敏捷治理要求，

[①] 除了程序再造这一属性变化，许可承诺制的规制创新还表现出信用承诺元素与"助推型监管"两个特征。需要警惕的是，许可承诺制较低的法治化要素带来了不确定风险，其在激发市场活力、兑现行政效率原则的同时，也与其他公法原则之间产生了价值冲突，需要妥善处理效率与安全、创新与合法性之间的关系。卢超：《行政许可承诺制：程序再造与规制创新》，《中国法学》2021年第6期。

[②] 聂帅钧：《行政许可告知承诺制：法律属性、运作逻辑与规范化进路》，载《中国行政管理》2022年第8期。

[③] 李燕：《完善政务服务告知承诺制度 推进信用承诺及服务型政府建设》，《宏观经济管理》2021年第3期。

[④] 在"放管服"改革中，2012年泉州市的"容缺预审制"实践是改革的开端。2016年，以《国务院关于建立完善守信联合激励和失信联合惩戒制度 加快推进社会诚信建设的指导意见》为标志，容缺受理制度得以确立。

[⑤] 喻少如、胡志衡：《容缺受理之正当性、性质与完善路径》，《河南财经政法大学学报》2021年第3期。

[⑥] 韩业斌：《"容缺受理"制度的合法性释疑》，《宁夏社会科学》2019年第3期。

[⑦] 孙煜华：《容缺办理行政许可的效力及其风险防控》，《行政法学研究》2022年第6期。

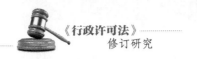
有学者建议《行政许可法》的修改应对此作出合理程序安排。①

四是以行政备案研究为起点洞悉非行政审批制度改革。论及行政备案，有必要回溯到非行政许可审批的语境中加以阐述。基于现实发展的需要，非行政许可审批从原有"行政机关内部事务"的范围扩延到"重大事项审批""特定行业资格和资质认定""宗教事务审批"等多个方面。赵明教授基于法经济学成本效益分析视角研究指出，囿于非行政审批概念外延的界定不清，给行政机关增设行政审批提供契机，从而增加行政相对人的成本，降低制度运行的效率。② 实践中，法院可依据形式标准和实质标准对非行政许可审批事项予以司法审查。而针对《行政许可法》存在的行政许可概念与适用范围界定的逻辑矛盾的问题，尚需借由立法堵塞行政许可变相为行政审批的法律漏洞。③ 在受到理论和实务诸多批评后，随着行政体制改革的深入，国务院清理了大量非行政许可审批事项。但实践的现实是，许多原非行政许可审批事项被行政备案等方式取代出现在权力事项中，这也引发了学者诸多关注。如有学者认为，行政备案是行政相对人在事前或事后告知行政机关的一种"便宜性"行为，以便于行政机关掌握信息、监督检查与决策参考。但这类附着惩罚手段的备案，实际上就给后续的许可事项，增设了一项前置性的行政许可，本质上属于自设一项"准行政许可"，而且其实施程序以及法律责任等方面，亦会避开法律的严格规制。④ 有论者进一步指出，行政备案大量出现的原因之一是《行政许可法》推动的以"以政府让位市场"为主旨的审批制度改革，但行政备案存在很多不规范现象，并产生了消极影响，内涵不明确、已开展的备案改革不符合简政放权的精神等是诱发问题的重要因素，究其根本在于不能正确认识改革与法治的关系、政府现代化治理水平不高、行政决策公众参与不足等原因，需要进一步廓清行政备案的基本范畴，完善相关立法，清理不

---

① 彭峰：《敏捷治理时代生态环境行政许可的改革及其限度》，《行政法学研究》2022年第6期。

② 赵明：《非行政许可审批概念外延的成本效益分析》，《理论与改革》2014年第1期。

③ 林树金、徐永涛：《非行政许可审批的司法审查》，《求索》2012年第6期。

④ 耿玉基：《法律"被虚置化"：以行政许可法为分析对象》，《法制与社会发展》2016年第4期。

规范的行政备案行为，重构行政备案制度的合法性基础。[①]

二、《行政许可法》修改研究评述

（一）对《行政许可法》修改既有研究的整体评述

整体来看，学界关于许可设定权配置的研究，基本还是遵循法律保留的一般理论展开，忽视了许可权配置背后的深层逻辑和有关央地许可权限的分配。如何跳脱传统理论研究的局限，回到许可改革实践需要，妥当安排地方性法规创设许可的空间和事项范围，可能这一问题需要得到解决。此外，虽然许可设定权层级分配在《行政许可法》第14~18条上有较为详细的规定，但相较于对许可实质范围的研究来说，有关设定权分配的理论探讨尚未系统化。既有研究着重于讨论行政法规、地方性法规等特定法源文件的许可设定权大小或分配，未重点分析许可设定权应该如何在不同的立法文件间划分，也缺乏对其背后理论框架的总结。

而随着国家治理体系现代化的推进，可以预见管制性行政行为数量将减少。随着市场的成熟，原本由政府管制的很多领域可以由市场机制调节，不再需要政府实施管制。[②] 因此未来在划定许可事项范围/对象时，应妥当处理好政府与市场的二元关系，赋予市场主体更多事项空间。对于可以通过公民、法人或其他组织自主决定的，或者市场竞争机制能够有效调节的，或者行业组织、中介机构能够自律管理的，或者行政机关采用事后监督等其他行政管理方式能够解决的，就一律不要设定行政许可。因为《行政许可法》的立法目的应在于减少行政许可而不是增加行政许可。

此外，学界对于行政许可改革措施的研究与行政改革趋势同步，尤其在"放管服"改革的行政体制改革实践中形成丰富成果。但无论是"放管服"改革，抑或相对集中行政许可权改革都仅是过渡型改革措施。因此，

---

① 朱宝丽：《行政备案制度的实践偏差及其矫正》，《山东大学学报（哲学社会科学版）》2018年第5期。

② 徐继敏：《国家治理体系现代化与行政法的回应》，《法学论坛》2014年第3期。

《行政许可法》的修改不仅仅是拘泥于对既有行政许可实践经验的实体法确认和总结，还需要为未来行政改革预留制度空间和容量，保持立法的开放性和稳定性。在重新梳理各级政府事权的基础上，实现权力的差异化配置，改变当前"上下同粗""职责同构"的网状行政管理体制①，以优化各项行政许可制度。

（二）行政许可修改既有研究的不足

诚然，学界围绕行政许可修改的相关研究成果频出，但较之行政处罚等行为法或行政救济等领域的研究，行政许可修改既有研究比较零散和滞后。

一是，既有研究成果的研究视角较为单一，更多的是围绕对策法学的思维展开。在《行政许可法》出台以前，主要旨在呼吁出台一部统一的行政许可法。而法律出台以后则是围绕对法律规范、意义的解读和宣传，并未深入开展基础领域的探讨，相关研究具有时效性，脱离了理论研究的持续力和系统性。其次，研究内容重复，如针对具体许可行为，如撤销、注销、撤回等的探讨并没有开拓全新的研究视野和领域，围绕法规范和案例展开学理作业，研究趋向同质化。

二是部分研究滞后，未能有效回应国家治理现代化、法治化命题。虽然当前研究成果较多，但是从时间主线来看，主要集中于 2003 年，新近研究也主要围绕行政审批制度改革的实践展开，研究内容较为滞后。尤其是没有形成系统性和体系性研究成果，缺乏对国家治理现代化和法治化命题的有效回应，还是处于市场经济初期管控思维研究范式。

三是缺乏对当前数字政府建设对行政许可制度形塑的理论回应。现行《行政许可法》制定时，电子政务尚未发展成熟，因此办理行政许可事项以线下为主，同时倡导行政机关推行电子政务，方便当事人线上提出行政许可申请。近年来，随着互联网技术和手机终端的发展和普及，线上办理

---

① 徐继敏：《论省级政府配置地方行政权的权力》，《四川大学学报（哲学社会科学版）》2013 年第 4 期。

行政许可事项、实行"一网通办"，成为便民高效的新途径。^① 但相关研究主要侧重数字政府建设实践本身，以政府治理手段革新为导向，缺乏对当前数字政府建设对行政许可制度形塑的理论回应。

三、《行政许可法》修改的展望

根据前述对《行政许可法》修改研究内容的梳理，未来《行政许可法》的修改应着重回应以下内容。

（一）回应国家治理体系与治理能力现代化的时代命题

从中共十八届三中全会提出"推进国家治理体系和治理能力现代化"开始，国家治理体系与治理能力现代化就成为近年来行政法研究的主旋律。国家治理体系与治理能力现代化，意味着治理主体的多元化和治理的多中心性，意味着治理主体边界的模糊性及治理主体之间的相互依存性和互动性。^② 在推动国家治理体系与治理能力现代化的过程中，政府内部多元治理主体之间职责权限的分工，政府与市场、社会的互动关系，构成了国家治理体系的两大主轴。^③

国家治理体系的构建与行政许可的设定事项存在异曲同工之妙。行政许可本质就是政府为应对市场失灵而对市场所进行的干预，以矫正市场失

----

① 2016 年，《国务院关于印发 2016 年推进简政放权放管结合优化服务改革工作要点的通知》要求："提高政务服务效率，推进实体政务大厅向网上办事大厅延伸，打造政务服务一张网。"2018 年，《国务院办公厅关于印发全国深化"放管服"改革转变政府职能电视电话会议重点任务分工方案的通知》要求，打造全国一体化政务服务平台，坚持"联网是原则、孤网是例外"，做好地方平台、部门专网、独立信息系统的整合接入工作，五年内政务服务事项全面实现"一网通办"。2019 年年底前国家政务服务平台上线运行，2020 年年底前各省（自治区、直辖市）和国务院部门政务服务平台与国家政务服务平台应接尽接、政务服务事项应上尽上，2022 年年底前以国家政务服务平台为总枢纽的全国一体化在线政务服务平台更加完善，除法律、法规另有规定或涉及国家秘密等外，政务服务事项全部纳入平台办理，全面实现"一网通办"。

② 史云贵：《中国现代国家构建进程中的社会治理研究——基于公共理性的研究路径》，上海人民出版社 2010 版，第 219 页。

③ 何显明：《政府转型与现代化国家治理体系的构建——60 年来政府体制演变的内在逻辑》，《浙江社会科学》2013 年第 6 期。

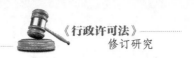
灵。在市场起基础配置作用的前提下，政府干预当然不宜过多，政府设置行政许可应当具有谦抑性。在行政许可法修改时，需要在如下方面对国家治理体系与治理能力现代化予以回应：

第一，《行政许可法》立法理念的变化。《行政许可法》第1条规定的立法目的包括：规范行政许可的设定和实施，保护公民、法人和其他组织的合法权益，维护公共利益和社会秩序，保障和监督行政机关有效实施行政管理。但"保障行政机关有效实施行政管理"与当前行政法理念（控权＋效能）不符，并且当前立法目的也未体现国家治理体系下的国家、市场、社会三者关系。要在整体政府理念的框架下，妥当安排既有改革和实践经验性成果。例如，明确行政许可集中实施的原则；在行政许可的实施机关部分，增加地方人民政府可以设置行政审批局，统一实施本级政府相关行政许可事项等有关规定。

第二，行政许可设定事项的立法模式变化。《行政许可法》第12条从正面列举了五项"可以"设定行政许可的事项，并辅之法律、行政法规规定的其他事项兜底；《行政许可法》第13条则从反面列举了四项"可以不"设定行政许可的事项，且不存在兜底条款。① 此种看似周延的列举方式，却导致根本不存在任何绝对禁止的许可事项，且在行政权力不断扩张的"行政国"中，第12条还存在兜底条款，直接导致十几年的行政许可改革反反复复。另外，由于行政许可的概念与构成要件模糊，直接导致第12条和第13条使用了大量不确定性法律概念，而由行政机关自行解释不确定性法律概念，独立性缺失使行政许可改革陷入怪圈。所以，目前仍需要加大对行政许可概念、构成要件的研究，甚至可以采取专门机构予以解释说明的方式。

第三，行政许可设定事项的评价制度与评价标准。在《行政许可法》第12条和第13条列举情形较为宽泛的情形下，《行政许可法》第20条所规定的评价制度就显得十分重要。但当前的行政许可评价制度，法治因素

---

① 笔者认为，《行政许可法》第13条第4项的规定，虽有"其他"字样，但并非属于法学意义上的兜底条款，而是不完全列举事项条款。

较弱。评价主体为行政许可的设定机关，评价主体缺乏独立性；评价标准仅提示性地描述为《行政许可法》第 13 条，评价标准缺乏可操作性。所以，当前行政许可评价制度的立法设想与法律实施间产生鸿沟，未能发挥行政许可评价制度的法治功能，需要在《行政许可法》修改时唤醒该制度，并按照国家治理体系的内在要求设置评价标准。

（二）修法应围绕数字政府建设实践展开

数字政府是由信息化发展到智能化阶段的产物。在信息化时代，政府把政务流程复制到线上平台。[①] 随着全国各地"一网通办""一体化政务平台"等政务系统建成落地，行政许可的办理主要途径已逐渐从"线下办理"转变为"全程网办"。这不仅仅是行政许可办理途径的变化，也为行政许可制度带来全方位的重大变革，应围绕政府数字治理的特点修改《行政许可法》。[②]

首先，行政许可的办理流程或方式上，要突出"线上线下"相结合。《行政许可法》修改应当实行线下和线上办理行政许可事项并重的程序架构，在行政许可的实施程序中增加网上实施许可相关内容，明确网上受理接口和程序，规定电子签名、电子数据、电子文书与纸质文件具有同等的法律效力，网上受理与窗口受理具有同等的法律效力。此外还应增加规定非常态时期/应急状态下的许可制度。《行政许可法》和《中华人民共和国突发事件应对法》未涉及行政许可的效力基于应急状态的变动问题。因此应急状态下的行政许可实施面临诸多合法性困境。当前《行政许可法》立足于常态化时期许可实施，未来应考虑在修改中参考《中华人民共和国行政处罚法》（以下简称《行政处罚法》），加入非常态许可的相关制度规范。

其次，行政许可的实施主体与审查方式上，将具有全国"通办"能力。目前，在我国行政权力配置体系中，法律通常授权行政权力的实施主

---

① 沈费伟、诸靖文：《数据赋能：数字政府治理的运作机理与创新路径》，《政治学研究》2021 年第 1 期。

② 徐继敏：《数字法治政府建设背景下〈行政许可法〉的修改》，《河南社会科学》2022 年第 11 期。

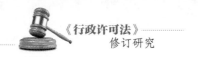

体为"县级以上人民政府",导致出现网状行政管理体制。在"全程网办"的加持下,对于能够实现"秒办"的许可事项,各省乃至全国都不再需要众多的行政许可实施机构,统一由某一机构实施即可。例如,可以由省级市场监管局统一办理工商类行政许可。而由于政府掌握着海量数字信息,在将各部门、各层级的数据端口链接后,行政相对人仅需在线提交许可申请,数字系统便会在各个数据库中自动调取、核查申请信息和申请材料(如企业工商注册登记)。此模式将彻底改变绝大多数行政许可事项的审查模式和审查标准,对高频办理的许可事项尤其如此。对于个别需要现场勘验、专家论证等线下办理事项,行政许可法作出特殊规定即可。

最后,行政许可的证据形式,将由书证迈向电子证据。传统行政许可办理中,相对人需要提交有关申请材料,行政机关根据相对人的申请材料形成完整的案卷卷宗,并据此产生案卷排他原则。但在数字政府模式下,行政许可的证据形式将由书证向电子证据过渡,并且也不存在严格的案卷形式。全面电子证据对行政诉讼的影响、案卷排他原则的新发展等,都是需要在《行政许可法》修改前进一步研究的内容。

第一章

行政许可设定制度的修改

第一节　行政许可设定的逻辑厘正

一、立法沿革：《行政许可法》与行政许可设定

行政许可是指行政机关根据公民、法人或者其他组织的申请，经依法审查允许其从事特定活动的行为。[①] 行政许可是一种事前治理的手段，包括设定、实施和救济三个主要阶段。关于行政许可的性质，我国行政法学研究上曾有"解禁性"抑或"赋权性"的思辨。马怀德在其1997年的比较研究中指出，中国台湾学者林纪东将行政许可理解为"自由的恢复"[②]，美国学者伯纳德·施瓦茨认为许可是一种"特许权的授予"[③]。而他在当时认为，行政许可的构成具有复杂性，既有解禁性的行政许可，也有赋权性的行政许可，两种行政许可之间可以相互转换，且均应当纳入法制轨道来运行。[④]

---

① 《中华人民共和国行政许可法》第2条。
② 马怀德：《行政许可制度存在的问题及立法构想》，《中国法学》1997年第3期。
③ ［美］伯纳德·施瓦茨：《行政法》，群众出版社，1986年版，第194、197页；转引自马怀德：《行政许可制度存在的问题及立法构想》，《中国法学》1997年第3期。
④ 马怀德：《行政许可制度存在的问题及立法构想》，《中国法学》1997年第3期。

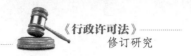
随着时代的发展，我国通说逐渐倾向于认为行政许可是一种"一般禁止的解除"，即更偏向"自由的恢复"，是解禁性的理解。① 根据该种认识行政行为的方式，在某领域设定行政许可事项，意味着公民、法人或其他组织在该领域的自由活动受到一般性的禁止，而法定的行政主体具有依据申请解除行政许可的权力。如果行政许可申请人对行政机关实施行政许可的具体行政行为不服，可以提起行政复议或者行政诉讼，此为救济阶段。由此可见，行政机关在行政许可活动中的权力主要体现在两处：一是设置"一般性的禁止"，即设定行政许可事项的权力；二是决定"禁止的解除"，即根据行政相对人申请决定授予其行政许可的权力。

《行政许可法》出台与我国的行政审批制度改革，以及加入世界贸易组织（简称世贸组织）的努力有着密切关联。它既是我国对一定时期内行政许可、审批制度问题的回应，也具有较为鲜明的国际事件针对性。作为《行政许可法》制定工作的参与者，杨建顺认为这部法律记录着中国行政审批制度改革的过程，也体现了当时我国加入世贸组织的奋斗和追求。② 2001 年 11 月，中国"入世"前夕，杨建顺就行政许可（行政审批）与我国加入世贸组织的问题接受记者采访，回答了行政许可与建立国内统一开放市场、改革垄断行业、接轨世界贸易组织规则、防治腐败问题、改革行政管理制度之间的关系。其中提到，当时的行政许可缺乏分类管理，也欠缺规范指导和法律依据，存在行政机关"乱设许可、滥设许可"的问题，甚至有部分地区、行业将设置许可、审批项目作为创收途径，却对其缺乏监管。为了与世贸组织规则中有关透明度等的要求接轨，我国对行政许可体制进行了全面的、自上而下的改革，行政许可设定的改革就是其中的重要部分。③

2003 年《行政许可法》出台之前，我国就有了大大小小的行政审批、许可事项。在当时，行政许可制度已经是我国广泛使用的行政治理工具，

---

① 余正琨：《论行政许可设定制度》，《河北法学》2006 年第 3 期。
② 杨建顺：《行政许可法：科学民主立法的典范》，《光明日报》2011 年 3 月 12 日第 11 版。
③ 冀文海：《WTO：我对中国还有四个疑问 中国人民大学行政法教授杨建顺解答关于 WTO 与中国政府改革的几个问题》，《中国经济时报》2011 年 12 月 11 日第 6 版。

然而由于缺乏制度控制和法律规范，那时的行政许可制度在事项范围、设定和实施主体、程序和监督等方面存在一系列问题，为腐败和部门、地方利益垄断等提供了空间，引起了社会舆论和学术研究上的广泛争议。对此，学界出现制定许可法予以规范的声音。[①]

经各方努力，《行政许可法》于 2003 年 8 月 27 日通过，自 2004 年 7 月 1 日起施行。《行政许可法》的颁布实施，对于保护公民、法人和其他组织的合法权益，深化行政审批制度改革，推行行政管理体制改革，从源头上预防和治理腐败，保护和监督行政机关有效实施行政管理，具有重要意义。2019 年，《行政许可法》进行了首次也是目前唯一一次的修改，增加了行政许可设定的非歧视原则，以及行政许可实施中强化涉密商业信息、技术保护的要求。

二、概念辨析：何为"行政许可设定"

在立法中区别"设定"与"具体规定""实施"的做法由 1996 年《行政处罚法》首创，且被 2003 年《行政许可法》和 2014 年《中华人民共和国行政强制法》（以下简称《行政强制法》）沿用。从这三项概念的区别出发，结合《行政许可法》的文义，"行政许可设定"包含了新设许可、保留设定、变更和废除行政许可等具体的行为。[②]《行政处罚法》《行政许可法》和《行政强制法》均区分了中央立法和地方立法"设定"行政处罚、行政许可或行政强制的权限，但在实务中，这些条款的解释则均存在争议。[③]"设定"理解争议的集中体现，是在上位法和下位法的设定权限问题上，正向表现为如何理解下位法的行政许可设定范围，反向则表现为如何认定下位法与上位法相"抵触"。

---

① 马怀德：《行政许可制度存在的问题及立法构想》，《中国法学》1997 年第 3 期。

② 徐继敏：《国务院设定行政许可实践研究》，《行政法学研究》2015 年第 1 期。

③ 金自宁：《地方立法行政许可设定权之法律解释：基于鲁潍案的分析》，《中国法学》2017 年第 1 期。

具体到行政许可"设定"的理解问题上，对下位法"设定"行政许可的范围有"事项说"和"领域说"两种主要观点。事项说认为，在《行政许可法》允许设定行政许可的范围内，仅当上位法未就具体事项设定行政许可，那么下位法就可以依法对该事项设定行政许可；领域说则认为，仅当上位法未在相关领域制定行政许可，下位法才能够设定行政许可。事项说比领域说对下位法——主要是行政法规、地方性立法和地方政府规章——的限制更小，自由度更高，两者都有一定的依据和支撑。事项说与《行政许可法》的表述相符合，立法原文为"下列事项可以设定行政许可……"① 且曾得到立法者的肯定。② 领域说对下位法设定行政许可持严格限缩态度，最高人民法院（以下简称最高法）公布的指导案例 5 号"鲁潍盐业案"中，法院的立场被认为更倾向于领域说。③

有学者指出，事项说与领域说之区分对实践的意义有限，因为"事项"和"领域"均为模糊概念，我们难以明确多具体的范围才是"事项"，多宽的范围才是"领域"。④ 与此相比，积极抵触和消极抵触的区分或许更有助于我们加深对行政许可"设定"的理解。积极抵触指下位法与上位法的有关规定不一致，存在直接冲突⑤；消极抵触指下位法欠缺来自上位法的依据，但两者不存在直接冲突⑥。据该种理解，最高法指导案例 5 号

---

① 《中华人民共和国行政许可法》第 12 条。

② 国务院法制办公室秘书行政司在 2004 年 1 月 2 日发布的《关于〈行政许可法〉有关问题的解答》第 14 点，针对"尚未制定法律、行政法规"是"指具体事项范畴还是指整个领域的问题"，认为是指"尚未制定法律、行政法规的事项"，转引自金自宁：《地方立法行政可设定权之法律解释：基于鲁潍案的分析》，《中国法学》2017 年第 1 期。

③ 鲁潍（福建）盐业进出口有限公司苏州分公司诉江苏省苏州市盐务管理局盐业行政处罚案，最高人民法院指导案例 5 号（2012 年）。李文海：《地方政府规章设定行政许可的"上位法"限制》，《政治与法律》2013 年第 2 期。

④ 金自宁：《地方立法行政可设定权之法律解释：基于鲁潍案的分析》，《中国法学》2017 年第 1 期。

⑤ 《最高人民法院关于人民法院审理行政案件对地方性法规的规定与法律和行政法规不一致的应当执行法律和行政法规的规定的复函》（法函〔1993〕16 号）；转引自金自宁：《地方立法行政可设定权之法律解释：基于鲁潍案的分析》，《中国法学》2017 年第 1 期。

⑥ 《最高人民法院关于人民法院审理行政案件对缺乏法律和法规依据的规章的规定应如何参照问题的答复》（法行复字〔1993〕5 号），转引自金自宁：《地方立法行政可设定权之法律解释：基于鲁潍案的分析》，《中国法学》2017 年第 1 期。

"鲁潍盐业案"中的两件规范性文件存在的是消极抵触。① 根据《立法法》，如果存在"下位法违反上位法规定"的积极抵触，应改变或者撤销下位法，因此构成积极抵触的下位法将受到否定性评价，这基本不存在争议。② 但在消极抵触的评价问题上，立法规范、司法实践和学术研究存在争议。

在立法层面，《立法法》规定规范性文件"超越权限的"，应依法予以改变或者撤销。据此，如果下位法缺乏上位法依据属于"超越权限"的，就应当受到否定性评价。不过，《行政许可法》规定下位法可以依法在上位法未设行政许可的范围内设定行政许可③，这就给了行政许可设定中，下位法可以与上位法存在消极抵触的法律依据。

在"鲁潍盐业案"的裁判中，我们可以将法院意见归纳为：增加相对人义务的消极抵触将得到法律否定性评价。但是增加行政相对人义务的消极抵触条款均被立法规范否定吗？从体系解释的角度来看，如此处理有失妥当。有学者在对"鲁潍盐业案"的分析中指出，下位法之所以由于增设无上位法依据的义务而被认为"抵触"，得到否定性评价，是因为有如下前提假设：下位法不得在上位法之外给行政相对人增设义务。然而在体系解释的视角下，《行政许可法》条文既有允许下位法在上位法之外增设许可的，如第 14 条第 1 款、第 15 条第 1 款允许下位法在上位法没有规定的事项上设定行政许可④；也有禁止下位法增设许可的，如第 16 条第 4 款规定下位法在具体规定上位法所设行政许可时不得增设行政许可⑤。借用凯尔森的法律体系理论⑥，判断下位法是否与上位法相抵触的关键在于，下位法是否超越了由上位法设立的既定框架秩序（创制程序规范要求），

---

① 章剑生：《行政诉讼中规章的"不予适用"》，《浙江社会科学》2013 年第 2 期。

② 《中华人民共和国立法法》第 107 条。

③ 《中华人民共和国行政许可法》第 14 条第 1 款、第 15 条第 1 款。

④ 《中华人民共和国行政许可法》第 14 条第 1 款、第 15 条第 1 款。

⑤ 《中华人民共和国行政许可法》第 16 条第 4 款。

⑥ ［奥］凯尔森：《纯粹法理论》，张书友译，中国法制出版社 2008 年版，第 88、89 页，转引自金自宁：《地方立法行政许可设定权之法律解释：基于鲁潍案的分析》，《中国法学》2017 年第 1 期。

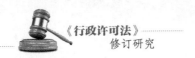
是否超出上位法允许的选择空间（内容要求）。如此一来，《行政许可法》中看似矛盾的"新设义务"前后规范也实为融洽，因为法律在"下位法增设许可"的情形中划出了合法的框架（第14条第1款和第15条第1款），也指明了不合法的情形（第16条第4款）。①

三、从放权到收权：行政许可设定的历史发展

行政许可设定是指国家机关按照法定的权限和程序，通过立法创设行政许可事项的行为。② 也就是说，行政许可设定作为直接关涉行政权边界的法律规则创设活动，必须在《行政许可法》《立法法》等有关法律建构的框架下进行。

我国行政许可的设定权分散到集中，再到有计划的清理和动态调整，可以将2003年《行政许可法》出台、2013年严格控制新设行政许可和2014年清理非行政许可审批事项等事件作为标志，把行政许可设定制度的发展分为以下几个阶段。

（一）2003年前：行政许可设定缺乏法律依据

有学者将《行政许可法》出台前，我国行政许可制度长期存在的问题归纳为四个：第一，谁都可以设定行政许可；第二，什么事项都可以设定许可；第三，多头审批、重复许可严重；第四，程序规则不清。③ 这一意见简明扼要地归纳了行政许可设定中的四项矛盾要点：设定主体、设定事项范围、设定权限和程序规则。

2003年《行政许可法》出台之前，国务院就已经着手对行政许可项目进行调整或取消，分别于2002年11月和2003年2月发布了《国务院关于取消第一批行政审批项目的决定》和《国务院关于取消第二批行政审

---

① 金自宁：《地方立法行政许可设定权之法律解释：基于鲁潍案的分析》，《中国法学》2017年第1期。

② 余正琨：《论行政许可设定制度》，《河北法学》2006年第3期。

③ 张兴祥：《制度创新：〈行政许可法〉的立法要义》，《法学》2003年第10期。

批项目和改变一批行政审批项目管理方式的决定》。① 在行政审批制度改革和我国争取加入世贸组织的双重背景下，为行政许可设定制度提供法律规范，使以上问题有法可依，是当时亟待解决的重要事项。

（二）2003 到 2013 年：许可设定法律规范执行不到位

2003 年《行政许可法》出台后，行政许可设定有了明确的法律依据，且有关规范在 2019 年《行政许可法》修改时未做重要改变，基本沿用至今。然而，《行政许可法》中有关行政许可设定的规定在落实上并不到位，实务中既有直接违反法律明文规定的行政许可设定行为，也存在通过"审批""核准""备案"等规避《行政许可法》的情况。

有学者在 2006 年时指出，在当时，部分行政许可设定主体从部门利益或地方利益出发，"滥施行政许可"，对我国统一的行政管理秩序造成了负面影响。该学者将这一时期的行政许可设定实践存在的问题归纳为以下四个：第一，设定主体不合法，除了行政机关，一些社会团体、事业单位和行政机关内设机构也在自行设定行政许可；第二，设定范围不清晰、合法，行政许可存在于生活中的诸多方面；第三，设定权限不合法，除依法有权限设定行政许可的法律、行政法规和地方性法规之外，一些规章、其他规范性文件，甚至是不属于规范性文件的政府文件，如会议纪要和领导讲话也在行使着设定行政许可的功能；第四，重复设定问题，有行政机关对已经设定行政许可的事项重复设定许可，造成"层层审批、多头审批"的现象。② 2004 年 7 月生效的《行政许可法》对上述问题均有明确条文予以规范。但《行政许可法》生效后，相关实践状况却不尽如人意，体现了《行政许可法》在实施中遇到的困难阻碍。

除了以上行政许可设定直接违法的问题，还有一些实质上的行政许可事项"改头换面"，以"审批""核准""备案"等名义在行政许可法律规

---

① 《国务院关于取消第一批行政许可审批项目的决定》（国发〔2002〕24 号），2002 年 11 月 1 日发布；《国务院关于取消第二批行政许可审批项目和改变一批行政审批项目管理方式的决定》（国发〔2003〕5 号），2003 年 2 月 7 日发布。

② 余正琨：《论行政许可设定制度》，《河北法学》2006 年第 3 期。

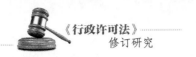

则之外运行，以非行政许可的名义规避《行政许可法》的约束，却在实际上行使着"一般禁止的解除"的许可特权。[①] 在这一时期，国务院对行政审批进行了一系列的取消、调整工作，发布四份有关规范性文件[②]，但整体上以"非行政许可审批"之名法律规避现象仍较为明显。

（三）2013 年后：严控行政许可增设和非行政许可审批

2013 年以来，国务院对新增和存量的行政许可与实质性行政许可事项进行了规范、整治和清理。尤其是治理非行政许可审批事项的理念逐步推进，令我国的行政许可设定制度在此后越来越趋于规范。

国务院的这一轮行政许可审批制度改革以两件"通知"和多件"决定"为标志，在控制新设行政许可数量的同时，以较大力度对存量行政审批事项进行清理。2013 年 9 月，《国务院关于严格控制新设行政许可的通知》发布，着重强调了新设行政许可的合法性。[③] 2014 年 4 月，《国务院关于清理国务院部门非行政许可审批事项的通知》发布，不再保留"非行政性许可审批"，将面向公民、法人和其他组织的审批事项取消或调整为行政许可，将面向地方政府的审批事项取消或者调整为政府内部审批事项。[④] 此外根据学者统计，2013 年至 2019 年期间，国务院共连续发布 17 项有关决定，取消了 1182 个行政审批事项。

可以看到，这一时期的行政许可审批制度改革呈现出"运动式"特点，以"领导决策"为起点，进行着"减少—增加—再减少—再增加"的

① 应松年：《行政审批制度改革：反思与创新》，《学术前沿》2012 年第 5 期；徐继敏：《国务院设定行政许可实践研究》，《行政法学研究》2015 年第 1 期；沈福俊：《国务院决定行政许可设定权：问题与规制》，《社会科学》2012 年第 5 期。

② 《国务院关于第三批取消和调整行政审批项目的决定》（国发〔2004〕16 号），2004 年 5 月 19 日公布；《国务院关于第四批取消和调整行政审批项目的决定》（国发〔2007〕33 号），2007 年 10 月 9 日公布；《国务院关于第五批取消和下放管理层级行政审批项目的决定》（国发〔2010〕21 号），2010 年 7 月 4 日公布；《国务院关于第六批取消和调整行政审批项目的决定》（国发〔2012〕52 号），2012 年 9 月 23 日公布。

③ 《国务院关于严格控制新设行政许可的通知》（国发〔2013〕39 号），2013 年 9 月 19 日公布。

④ 《国务院关于清理国务院部门非行政许可审批事项的通知》（国发〔2014〕16 号），2014 年 4 月 14 日公布；徐继敏：《国务院设定行政许可实践研究》，《行政法学研究》2015 年第 1 期。

循环，在一定程度上陷入了困局。① 有学者将这一时期的行政审批制度改革思路归纳为"政府的自我革命"，指出法律在行政许可制度改革中所起的作用不足，而法律才是行政审批制度改革实现规范化的关键所在。②

第二节　行政许可设定的一般规则与探讨

2003 年的《行政许可法》和 2019 年修改后的《行政许可法》均在总则和专章中对行政许可设定相关问题进行了明确，两者在行政许可设定问题上的规范大致相同。根据总则，行政许可设定应当遵守《行政许可法》的有关规定，应当符合法定的权限、范围、条件和程序，应遵循公开原则、公平原则和公正原则，2019 年《行政许可法》修正时还增加了非歧视原则。③ 专章部分对行政许可设定的原则，事项范围，各级规范性文件的设定权限、内容、程序和设定后的调整等问题进行了规定，尤其是详细规定了行政许可设定的事项范围和不同层级规范性文件设定行政许可的权限。

一、行政许可设定的原则

《行政许可法》明确规定的行政许可设定原则有四，分别是公开原则、公平原则、公正原则和非歧视原则。④ 第一，公开原则要求行政许可设定的有关程序规则和实体规则向民众公开，听证会、论证会、公示等与公开民主参与有关的各项流程足够透明，防止暗箱操作和权力滥用。公开原则强调民主性，比如《行政许可法》规定公民、法人或其他组织可以就行政

---

① 沈岿：《解困行政审批改革的新路径》，《法学研究》2014 年第 2 期；李明超：《行政许可设定的三层次分析》，《河南财经政法大学学报》2019 年第 3 期。

② 李明超：《行政许可设定的三层次分析》，《河南财经政法大学学报》2019 年第 3 期；王克稳：《我国行政审批制度的改革及其法律规制》，《法学研究》2014 年第 2 期。

③ 《中华人民共和国行政许可法》第 3 条第 1 款、第 4 条、第 5 条第 1 款。

④ 《中华人民共和国行政许可法》第 5 条第 1 款。

许可设定向设定机关提出意见，就体现着公开原则的要求。[①] 第二，公平原则要求行政机关在设定行政许可时，对公民、法人和其他组织等各种主体一视同仁，不得设定带有不公平的、偏私性质的行政许可申请、获取条件。第三，公正原则要求行政机关及其工作人员在设定行政许可时遵守有关法律法规、态度公正，必须合理考虑与行政许可有关的因素，如该许可对社会资源的配置是否有利于公共利益的更好实现；同时，设定行政许可时不得考虑无关因素，如该许可与当地的地方利益、本部门的部门利益之间的关系，甚至与行政机关工作人员个人或其亲属之间的利害关系等。第四，非歧视原则要求在设定的行政许可获取条件和程序中不得带有种族、年龄、性别、健康状况等歧视色彩，且行政许可本身不得包含对歧视的纵容。非歧视原则并不排斥合理的能力、生理条件筛选。比如，获取法律职业资格许可需要通过法律职业资格考试，这是出于合理的职业资质要求。又比如，获取机动车驾驶许可需要符合一定生理条件并通过多项测试，这也是出于合理的道路安全要求。

除了总则部分明文规定的四项原则，《行政许可法》第 11 条还明确了对设定行政许可的四项要求。[②] 有学者认为这也是行政许可设定的原则，包括符合经济社会发展规律原则，发挥公民、法人或者其他组织的积极性、主动性原则，促进经济、社会和生态环境协调发展原则。[③]

另外，行政法基本原则也自然适用于行政许可设定领域。有学者提出，行政许可设定原则包括法定原则。[④] 行政许可设定的法定原则是行政法定原则在行政许可设定中的具体体现，主要包括两个部分。一是行政许可设定范围法定，即设定行政许可的领域应当属于《行政许可法》规定"可以"设定行政许可的事项范围，且在《行政许可法》规定"可以不"设定行政许可的事项范围中应慎重评估是否设定许可。二是行政许可设定权限法定，即法律明文规定有权设定行政许可的国家机关才能够设定行政

---

① 《中华人民共和国行政许可法》第 20 条第 3 款。
② 《中华人民共和国行政许可法》第 11 条。
③ 余正琨：《论行政许可设定制度》，《河北法学》2006 年第 3 期。
④ 余正琨：《论行政许可设定制度》，《河北法学》2006 年第 3 期。

许可，且不同层次国家机关能够设定的行政许可类型、事项范围和设定方式也有所差异。有权设定行政许可的国家机关主要包括全国人民代表大会及其常务委员会、国务院、具有地方立法权的地方人民代表大会及其常务委员会，以及省、自治区、直辖市人民政府。其中，国务院可以在必要时采用发布决定的方式设定许可；省级政府规章仅能在法定情况下设定临时性行政许可；地方性法规和省级政府规章在部分涉及主体资格、资质、设立等的事项上不得设定许可，且不得设定地方保护性的行政许可。超出法定事项范围设定的行政许可，以及由无设定权限行政主体设定的行政许可，不具有行政法律效力。

二、行政许可设定的权限

（一）行政许可设定权限的主体、规范和事项层面

行政许可设定的权限主要包括三个层面：一是主体层面，不同种类国家机关制定规范性文件、设定行政许可的权限不同；二是规范性文件层面，不同种类规范性文件设定行政许可的权限不同；三是事项层面，一些特殊事项所适用的设定权限规则具有特殊性。这三个层面的规则有一定先后关系，从简单趋向复杂，从一般趋向特殊。《行政许可法》在制定行政许可设定的权限规则时以规范性文件为抓手，规定法律、行政法规、国务院决定、地方性法规和省级地方政府规章有依法设定行政许可的权限，除此之外的规范性文件一律不得设定行政许可。①

在主体层面和规范性文件层面上，行政许可设定规则以《立法法》和《行政许可法》为主要交汇点，两者既有联系又有区别。从两者的联系来看，行政许可设定属于立法活动，国家机关主体身份与其能够制定的规范性文件种类具有严格的对应关系，依据在于《立法法》中的有关立法权限的规定。从两者的区别来看，主体层面更强调各类国家机关设定行政许可

---

① 《中华人民共和国行政许可法》第 14 条、第 15 条、第 17 条。

的立场，对防止地方保护主义、部门保护主义的滋生具有重要意义；规范性文件层面则更关注立法的形式和程序，比如行政规章、省级地方政府规章设定的临时性行政许可不宜长时间、常态化实施。

在事项层面上，部分行政许可事项对设定主体和设定的规范性文件有所要求，相关法律依据主要存在于《行政许可法》，且与《立法法》有关规范相协调。由于下节将对行政许可设定的事项范围进行详细阐述，本部分仅就事项范围问题做简要分析。《行政许可法》对设定行政许可的事项范围限制分为正反两个方面，规定了"可以"设定行政许可的事项范围，和"可以不"设定行政许可的事项范围。"可以"意味着给行政机关设定行政许可的行为划清了边界，行政机关只能在此范围内做出"一般性的禁止"，且有权对符合条件、提出申请的主体解除该种禁止、恢复其自由。"可以不"主要集中于市场机制能够自行解决的资源配置事项，以及事后监督能够实现有效监管的事项，为市场主体充分发挥自主性留下了空间。

（二）行政许可设定权限的肯定性和否定性规则

在行政许可设定权限的问题上，《行政许可法》既有肯定性规则，也有否定性规则。相关肯定性规则可以分为以下三个层次。第一，行政许可设定权限的一般规则。法律、行政法律、地方性法规可以依法设定行政许可，行政法规能够在法律未作出规定的范围内设定行政许可，而地方性法规仅能在法律、行政法规未作出规定的范围内设定行政许可。[①] 第二，必要情况下，国务院以决定形式设定行政许可的权限。国务院可以在必要时采用发布决定的方式设定临时性行政许可和非临时性行政许可。其中，非临时性的行政许可不应长期以"决定"为规范依据，而应当由国务院提请全国人大及其常委会制定相应法律，或由国务院自行为其制定行政法规。[②] 第三，因紧迫现实需要，省级地方政府规章设定临时性行政许可的权限。省、自治区、直辖市人民政府，可以在因行政管理需求确需立即实

---

① 《中华人民共和国行政许可法》第 14 条第 1 款、第 15 条第 1 款。
② 《中华人民共和国行政许可法》第 14 条第 2 款。

施行政许可的情况下，以地方政府规章的形式设定临时性的行政许可事项。在该种临时性行政许可实施满一年后，如果还需要继续实施，那么作为规章设定主体的省级地方政府应当提请本级人大及其常委会制定相应的地方性法规。①

此外，《行政许可法》就地方性法规和省级地方政府规章的行政许可权限，从法律体系整体和谐和防止地方保护主义两方面出发，制定了否定性的规则。一方面，出于遵守国家统一规划的考量，地方性法规和省级地方政府规章不得设定应由国家统一确定的有关主体资格、资质的行政许可，也不得设定企业、组织设立登记性质的许可及其前置性许可。另一方面，出于防止地方保护主义的考量，地方性法规和省级地方政府规章不得设定地区壁垒性的行政许可，即不能限制其他地区的市场主体到本地区依法从事市场活动，也不能限制其他地区商品进入本地区市场。② 该项规则与《行政许可法》出台前，行政许可、行政审批制度中较为突出的地方保护主义问题具有一定的针对性，有利于全国统一市场环境的建立和健康发展。

（三）中央和地方立法设定行政许可的权限

有权设定行政许可的规范性文件，可以用中央立法和地方立法、人大立法和行政立法两种类型化思路进行审视。③ 由于中央立法和地方立法设定行政许可的权限具有较明显的区别，能够较好体现出行政许可设定权限制度的整体逻辑，还能够起到连接主体层面和事项层面的线索作用，因此本小节将以中央立法和地方立法的行政许可设定权限为主要线索，对行政许可设定权限问题进行探讨。

1. 中央立法设定行政许可的权限

在《行政许可法》颁布之前，包括其他规范性文件在内的各类规范都

---

① 《中华人民共和国行政许可法》第 15 条第 1 款。
② 《中华人民共和国行政许可法》第 15 条第 2 款。
③ 李明超：《行政许可设定的三层次分析》，《河南财经政法大学学报》2019 年第 3 期。

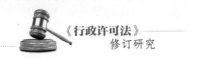
设定行政许可，其中国务院部委是主要的行政许可设定主体。^① 而《行政许可法》规定，中央国家机关可以通过制定法律、行政法规的方式设定行政许可，在设定事项上，除应当符合《行政许可法》第 12 条之规定外，并无特殊限制性规则。能够制定法律的中央国家机关有全国人民代表大会、全国人民代表大会常务委员会^②，能够制定行政法规的中央国家机关为国务院^③，以上三者即为有权设定行政许可的中央国家机关。也就是说，《行政许可法》否定了国务院部委设定行政许可的权限，而根据学者的调查，国务院在此之后成为行政许可的主要设定主体^④。

除了发布行政法规，国务院还可以在必要时以发布决定的方式设定行政许可。"决定"属于其他规范性文件，效力位阶较低，因此仅是必要时设定行政许可的补充性手段。除非属于临时性行政许可事项，以国务院决定为依据的行政许可实施后，国务院应及时提请全国人大及其常委会制定法律，或者自行制定行政法规，而不应长期以国务院决定为行政许可的规范依据。

2. 地方立法设定行政许可的权限

《行政许可法》规定，对于上位法未设定行政许可的事项，地方国家机关可以通过制定地方性法规来设定行政许可；因行政管理确需立即实施行政许可的，省、自治区、直辖市人民政府也可以通过政府规章来设定临时性行政许可。^⑤ 也就是说，有行政许可设定权限的地方立法形式，仅限于地方性法规和省级政府规章。根据《立法法》，有权制定地方性法规的主体是省、自治区、直辖市、设区的市、自治州的人民代表大会及其常务委员会^⑥，有权制定省级政府规章的主体是省、自治区、直辖市人民政

---

① 徐继敏：《国务院设定行政许可实践研究》，《行政法学研究》2015 年第 1 期。
② 《中华人民共和国立法法》第 10 条。
③ 《中华人民共和国立法法》第 72 条。
④ 徐继敏：《国务院设定行政许可实践研究》，《行政法学研究》2015 年第 1 期。
⑤ 《中华人民共和国行政许可法》第 15 条第 1 款。
⑥ 《中华人民共和国立法法》第 80 条，第 81 条第 1 款、第 4 款。

府①。因此，有权通过地方立法设定行政许可的地方国家机关限于以上主体。

相比中央立法，地方立法的行政许可设定权限受到更多限制。

首先，地方性法规在设定行政许可时，事项上应当满足《立法法》和《行政许可法》的以下条件。第一，符合《立法法》所规定的地方性法规立法事项范围，包括为执行法律、行政法规而根据本区域实际情况作具体规定的事项，以及属于地方性事务需要制定地方性法规的事项。② 第二，属于《行政许可法》第 12 条中可以设定行政许可的事项范围。第三，属于尚未制定相应法律、行政法规的行政许可事项。③ 第四，不涉及应由国家统一确定的有关公民、法人、其他组织之资格、资质的行政许可事项，或是企业、其他组织的设立登记事项及其前置性行政许可事项。④ 第五，不得借设定行政许可实施地方保护主义，包括限制其他地区的个人或企业到本地区生产经营、提供服务，或是限制其他地区商品进入本地市场。⑤

其次，在地方性法规设定行政许可权限的规则基础上，设区的市、自治州的人民代表大会及其常务委员会通过地方性法规来设定行政许可，还在事项上面临着来自《立法法》的其他约束。《立法法》规定设区的市、自治州地方性法规的立法事项限于四个方面：城乡建设与管理、生态文明建设、历史文化保护和基层治理。⑥

再次，省、自治区、直辖市人民政府通过政府规章设定行政许可的权限，受到《立法法》和《行政许可法》的严格限缩。第一，在《立法法》层面上，《行政许可法》出台之前，省级人民政府设定行政许可需要符合 2000 年出台的《立法法》，而 2000 年《立法法》的相关规定较为自由。现行《立法法》对省级人民政府规章设定行政许可，在事项方面有所约束。现行《立法法》规定省、自治区、直辖市政府规章应当符合以下事

---

① 《中华人民共和国立法法》第 93 条第 1 款。
② 《中华人民共和国立法法》第 82 条第 1 款。
③ 《中华人民共和国行政许可法》第 15 条第 1 款。
④ 《中华人民共和国行政许可法》第 15 条第 2 款。
⑤ 《中华人民共和国行政许可法》第 15 条第 2 款。
⑥ 《中华人民共和国立法法》第 81 条第 1 款、第 4 款。

项：属于为执行法律、行政法规、地方性法规的规定需要制定规章的事项；或是属于本行政区域的具体行政管理事项。① 相较于对地方性立法在事项上的要求，《立法法》将地方政府规章的立法事项限制在"具体行政管理"上，是更加严格的限制。第二，在《行政许可法》层面上，《行政许可法》虽然没有像对待国务院部委那样直接取消省级人民政府的行政许可设定权，但对其进行了严格限制。除了上文列举的地方立法设定行政许可应遵守的五项规则，根据《行政许可法》第 15 条第 1 款，省级人民政府规章设定行政许可还受到三项明文限制：一，设定范围限于法律、行政法规和地方性法规未设定行政许可的事项；二，省级人民政府规章设定行政许可应出于行政许可管理的需要，属于确需立刻实施行政许可的情况；三，只能设定临时性行政许可，最多实施一年，一年后如需继续实施的，应提请本级人民代表大会及其常务委员会就其制定地方性法规。②

三、行政许可设定的主体

在《行政许可法》颁布前，法律法规、规章甚至其他规范性文件都可以设定行政许可，因此行政许可设定主体相当广泛。③《行政许可法》明确了可以设定行政许可的规范性文件种类，结合《立法法》有关立法权限的要求，限缩了行政许可设定主体的范围。《行政许可法》规定，法律、行政法规和地方性法规可以设定行政许可，省、自治区、直辖市人民政府规章可以设定临时性行政许可。④ 以上规范性文件对应的行政许可设定主体分别是：全国人民代表大会及其常务委员会⑤，国务院⑥，省、自治区、直辖市和设区的市、自治州人民代表大会及其常务委员会⑦，省、自治

---

① 《中华人民共和国立法法》第 93 条第 2 款。
② 《中华人民共和国行政许可法》第 15 条第 1 款。
③ 徐继敏：《国务院设定行政许可实践研究》，《行政法学研究》2015 年第 1 期。
④ 《中华人民共和国行政许可法》第 14 条，第 15 条。
⑤ 《中华人民共和国立法法》第 10 条。
⑥ 《中华人民共和国立法法》第 72 条。
⑦ 《中华人民共和国立法法》第 80 条，第 81 条。

区、直辖市人民政府①。也就是说，国务院各部委、不享有地方立法权的地方人民代表大会及其常委会、省级地方政府的内设机构、省级以下地方政府，以及不属于行政机关的社会团体、事业单位等，均无权设定行政许可。

除了拥有法定行政许可设定权的"制定机关"，还有其他一些依法可以参与、影响行政许可设定的主体。第一，起草拟设定行政许可的规范性文件的起草单位，在行政许可设定中依法应当通过听证会、论证会等听取意见，并向制定机关说明设定的有关情况。② 第二，行政许可的实施机关可以就已设定行政许可的实施情况和存在必要性进行评价和报告，其评价与报告可能影响设定机关修改或废止有关行政许可的决定。③ 第三，公民、法人和其他组织有权就行政许可的设定向设定机关提出意见、建议，其意见和建议可以成为设定机关在新设、修改或废止有关行政许可时的考量因素。④

在行政许可设定主体方面，有三项问题是行政许可实践中较为突出，且在研究中较受关注的，分别是国务院设定行政许可的随意性问题，地方国家机关设定行政许可的地方保护主义问题，以及不具有设定权的主体违法设定行政许可（或非行政许可审批事项）的问题。

第一，国务院是我国在《行政许可法》颁布后主要的行政许可设定主体⑤，有学者指出国务院的行政许可设定行为具有一定随意性，具体表现为国务院设定行政许可的程序、内容欠规范，以及将非行政许可审批、核准等行为排除出行政许可范畴，规避《行政许可法》的适用等。⑥

第二，行政许可（审批）中的地方保护主义倾向是《行政许可法》出

---

① 《中华人民共和国立法法》第 93 条。

② 《中华人民共和国行政许可法》第 19 条。

③ 《中华人民共和国行政许可法》第 20 条第 1 款。

④ 《中华人民共和国行政许可法》第 20 条第 3 款。

⑤ 徐继敏：《国务院设定行政许可实践研究》，《行政法学研究》2015 年第 1 期。

⑥ 应松年：《行政审批制度改革：反思与创新》，《学术前沿》2012 年第 5 期；徐继敏：《国务院设定行政许可实践研究》，《行政法学研究》2015 年第 1 期；沈福俊：《国务院决定行政许可设定权：问题与规制》，《社会科学》2012 年第 5 期。

台前较为突出的问题①，《行政许可法》在制定、出台之时就对行政许可设定中的地方保护主义问题较重视，并在条文中作出了应对。2003 年《行政许可法》规定，地方性法规和省级政府规章设定的行政许可不得限制外地区市场主体到本地区从事生产经营和提供服务，也不得限制外地区商品进入本地市场，2019 年《行政许可法》继续沿用该项规则。②

第三，《行政许可法》明确限定了有权设定行政许可的主体，将国务院部委、不具有地方立法权的地方人民代表大会及其常务委员会、省级以下（不含省级）人民政府等国家权力机关，以及事业单位、社会组织等排除在行政许可设定主体之外。然而，正如部分具有法定行政许可设定权的主体通过"审批""核准""备案"等形式规避《行政许可法》规制，一些无权设定行政许可的主体也通过"审批""核准""备案"等手段，在事实上行使着设定行政许可的权力。

四、行政许可设定的程序

《行政许可法》在行政许可设定程序部分，确定了听取意见制度，向制定机关说明情况制度和定期评价制度。③ 其中，听取意见制度和说明情况制度主要是对规范性文件起草单位的要求，定期评价制度主要是对行政许可设定机关和实施机关的要求。

第一，听取意见制度。起草拟设定行政许可的规范性文件草案，起草单位应当采取听证会、论证会等形式听取意见。④ 听证会、论证会主要是起草单位听取利害关系人、其他群众和专家学者意见的程序，有助于起草单位明确各方的利益诉求，对许可可能造成的影响有适当预期，能够更好地将人民群众的意志和要求体现在行政许可中，也有助于群众加强对许可

---

① 冀文海：《WTO：我对中国还有四个疑问——中国人民大学行政法教授杨建顺解答关于WTO 与中国政府改革的几个问题》，《中国经济时报》2001 年 12 月 11 日第 6 版。

② 《中华人民共和国行政许可法》第 15 条第 2 款。

③ 《中华人民共和国行政许可法》第 19 条，第 20 条。

④ 《中华人民共和国行政许可法》第 19 条。

设定的监督、理解和支持。

第二，说明情况制度。起草拟设定行政许可的规范性文件草案，起草单位应向制定机关说明以下有关情况，包括：一，设定该行政许可的必要性；二，该许可对经济和社会可能产生的影响；三，起草单位听取和采纳意见的情况。① 该制度要求起草单位对行政许可设定的必要性、影响和听取意见情况有充分把握，并且将这些情况向制定机关作出说明，有助于行政许可设定主体加强对拟设定行政许可认识的科学性，提高行政许可设定的正确性。但遗憾的是，法律要求起草单位说明情况的对象仅限于制定机关，而未包括拟设定行政许可的利害关系人。虽然《行政许可法》第19条的听证会程序中应当包含对拟设定许可的情况说明，但是法律并未明确起草机关应当在听证会中说明的具体内容。而《行政许可法》第46条到第48条专节规定的"听证"仅限于实施环节，因此难以成为行政许可设定听证的法律依据。

第三，定期评价制度。《行政许可法》规定了行政许可设定机关定期对其设定行政许可进行评价的制度，如果设定机关认为已设定行政许可属于《行政许可法》第13条规定的"可以不"设定许可之情形，应对其进行及时修改或废止。② 除了设定机关定期评价其所设行政许可的制度，法律还规定了两种行政许可评价径路：一，行政许可实施机关可以评价行政许可的实施情况和存在必要性，且有权将其意见报告给设定机关；二，公民、法人和其他组织可以就行政许可设定，向设定机关提出意见、建议。③ 自《行政许可法》出台以来，国务院一直积极清理行政审批事项，尤其是2013年以后更是对相关事项进行了持续性密集清理。但也有学者认为，目前的行政许可评价和调整过于依赖行政力量，应从法律角度入手，坚持依法、科学设定行政许可，以跳出行政审批制度改革循环困境。④

---

① 《中华人民共和国行政许可法》第19条。
② 《中华人民共和国行政许可法》第20条第1款。
③ 《中华人民共和国行政许可法》第20条第2款、第3款。
④ 李明超：《行政许可设定的三层次分析》，《河南财经政法大学学报》2019年第3期；王克稳：《我国行政审批制度改革及其法律规制》，《法学研究》2014年第2期。

第三节 行政许可设定范围的检视

2021年8月11日，《法治政府建设实施纲要（2021—2025年）》明确提出："加强规范共同行政行为立法，推进机构、职能、权限、程序、责任法定化。……修改行政复议法、行政许可法，完善行政程序法律制度。"而现行《行政许可法》确实存在诸多理念与规范层面的问题，亟须进行一次大幅度修改。

《行政许可法》第12条采用"列举＋兜底"方式，列举了五类"可以"设定行政许可的事项，辅之以第6项"法律、行政法规规定可以设定行政许可的其他事项"兜底。《行政许可法》第13条则明确了四项"可以不"设定行政许可的事项，分别为：（1）公民、法人或者其他组织能够自主决定的；（2）市场竞争机制能够有效调节的；（3）行业组织或者中介机构能够自律管理的；（4）行政机关采用事后监督等其他行政管理方式能够解决的。

然而《行政许可法》第12条和第13条所构建的行政许可设定范围，看似明晰、周延，却导致国务院不断地调整和取消设定行政许可事项。[1]正如周汉华教授所言："如果一般地套用这两条的规定，几乎可以说任何事项都可以设定行政许可，也可以都不设定许可，很难有科学的依据。"[2]《行政许可法》第12条和第13条规定采用高度抽象的概念性立法，且二者之间的逻辑关系并未厘清，导致法律规范所设计的行政许可设定范围规则，存在制度与实践的张力。不仅行政许可设定范围制度并未发挥应有的规范功能，而且行政许可设定范围也处于不断摇摆之中。本文将从《行政

---

① 例如，2004年5月19日，《国务院关于第三批取消和调整行政审批项目的决定》发布，取消和调整495项政审批项目，其中取消行政审批项目409项，行业组织或中介机构自律管理的39项，下放管理层级的47项。2007年10月9日，《国务院关于第四批取消和调整行政审批项目的决定》发布，取消和调整186项行政审批项目，其中取消行政审批项目128项，调整的行政审批项目58项（下放管理层级29项、改变实施部门8项、合并同类事项21项）。

② 周汉华：《行政许可法：观念创新与实践挑战》，《法学研究》2005年第2期。

许可法》修改角度出发，对行政许可设定范围的正当性与规范表达进行探讨，希望在《行政许可法》修改时能对当前行政许可设定范围制度存在的问题予以修订。

一、行政许可设定范围的价值选择

对于行政许可的基本性质认识，学界长期存在着"赋权说""解禁说""特许权授予说"等观点。这些学说的核心观点即行政许可属于对一般禁止的有条件解禁。[①] 但这一认识，不足以体现行政许可设定范围的基本要素。公共利益是行政许可设定范围的核心基石，无法增进公共福祉的许可事项都不具有正当性；市场失灵是设定行政许可范围的目的，只有存在市场失灵，许可事项才具有可用之处；成本效益是设定行政许可事项经济价值，未考虑成本效益的许可事项，本质上属于无本之木，不具有生命力。

（一）公共利益：行政许可设定范围的核心基石

"法无明文禁止即可为"是保障个人自由权利的基本法律原则，但行政许可制度本质是制约个人自由行使某些特定权利，即只有出于公共利益保护目的，才能普遍限制个人自由行使权利，设定行政许可才具有正当性。"到底什么是公共利益，没有哪个国家的法律有明确的规定，这是由公共利益'利益内容'的不确定和'受益对象'的不确定所决定。"[②] 而《行政许可法》第 12 条第 1 项以公共利益为设定原则，采用描述性方式，将公共利益类型化为国家安全、公共安全、经济宏观调控、生态环境保护以及直接关系人身健康、生命财产安全等特定活动。但公共利益是一个极度抽象的不确定法律概念，用一个不确定概念去解释定义另一个不确定法

---

① 例如，姜明安教授将行政许可界定为：在法律规范一般禁止的情况下，行政主体根据行政相对人的申请，经依法审查，通过颁布许可证或者执照等方式，依法作出准予或者不准予特定的行政相对人从事特定活动的行政行为。姜明安：《行政法与行政诉讼法》，北京大学出版社 2011 年版，第 225 页。

② 黄学贤：《公共利益界定的基本要素及应用》，《法学》2004 年第 10 期。

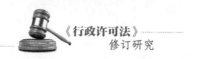

律概念，最终会使法律陷入循环定义的困境。每一项具体行政许可事项，似乎都能够采用公共利益的主观判断来自圆其说。

为了准确界定公共利益，学界从多角度进行了许多有益尝试，但这些尝试同样存在某些普适性与操作性的问题。[①] 正如陈端洪教授观点，要准确界定公共利益，重要的不是抽象的玄思，而是建立一套有效的形成性判断机制和反思性判断机制。[②] 从功能主义角度出发，公共利益的具体概念并非法律关注之重点，重点在于如何确定判断对象是否处于公共利益的映射范围。对此，《行政许可法》第19条规定的设定行政许可的事前听取意见、说明理由制度，以及第20条规定的事后许可评价制度，在判断公共利益方面更多是形式意义大于实质意义。

基于公共利益价值视角，我们可以发现不少行政许可事项与公共利益并无强关联。例如出租汽车经营资格许可，由交通运输部通过部门规章创设，并在国务院历次修改《国务院对确需保留的行政审批项目设定行政许可的决定》中得以保留。而出租汽车罢运事件在全国时有发生[③]，导火索即深埋在行政许可事项之中。

《巡游出租汽车经营服务管理规定》第8条设立"巡游出租汽车经营许可"，并规定了五项许可条件：（1）符合国家、地方规定的巡游出租汽车技术条件；（2）已取得的巡游出租汽车车辆经营权；（3）有取得符合要求的从业资格证件的驾驶人员；（4）有健全的经营管理制度、安全生产管理制度和服务质量保障制度；（5）有固定的经营场所和停车场地。由于"出租汽车车辆经营权"主要以特许经营的方式开展，在已设置"出租汽车车辆经营权"与"驾驶员从业资格"前置许可事项情形下，为何还要设

---

① 例如，蔡乐渭博士在其博士论文中提出了公共利益的开放性判断标准：（1）数量标准，受益对象必须是"公众"；（2）受益标准，受益对象得到的确实是利益，而不是损害；（3）外在标准，待判定的利益须具备公共产品的特征；（4）法定标准，须按照宪法与法律的要求进行判定；（5）合理性标准，包括必要性、合乎比例、不可替代性。蔡乐渭：《论行政法上的公共利益——以土地征收为中心的研究》，博士学位论文，中国政法大学，2007年。

② 陈端洪：《行政许可与个人自由》，《法学研究》2004年第5期。

③ 李慧莲、郭锦辉：《建立出租汽车行业有序健康发展长效机制》，《中国经济时报》2008年11月14日A01版。

立"巡游出租汽车经营许可"？在两项前置许可之下，另行设立"巡游出租汽车经营许可"，形成行政许可的"许可集"① 的意义何在？是必须新设许可事项才能保障公众的人身财产安全呢，还是便于交通运输主管部门对出租汽车行业的事中事后监管，抑或是为了维护行业垄断，不得已才这样选择？

我国在确定行政许可设定范围时，公共利益并不是设定机关主要的考量因素。只要能够与公共利益攀扯上关系，就足以粉饰行政许可设定范围的合法性与正当性。公共利益虽然并不是设定行政许可的唯一考量因素，却应当是最重要的衡量标准，是行政许可权存在的合理性基础。在扩充事前听取意见、说明理由制度和事后许可评价制度的具体内容中，立法应当将公共利益保护作为行政许可设定范围的必要说明事项与评价事项。公共利益作为设定行政许可的核心价值，只有不断在具体案例中具象化公共利益的不确定性概念轮廓，才能尽可能描绘出行政许可事项中的公共利益清晰图像。

（二）市场失灵：行政许可设定范围的目的

政府与市场的关系，是经济学中的重要命题。市场在资源配置中起决定性作用，由于市场失灵的存在，所以需要政府干预。我国的行政许可本质上就是政府基于市场失灵而对市场的干预，这种干预是通过设定行政许可事项，矫正市场失灵，从而解决不完全竞争、不完全信息、负外部性、公共物品的问题。② 尤其是信息不对称与负外部性问题，这两种市场失灵无法通过市场手段进行解决，需要政府监管参与。所以面对市场失灵，行政许可介入的合理性体现在如下几方面：（1）市场机制的自我救济或私法救济无法有效地解决市场失灵；（2）用监管进行干预的收益超过其成本；（3）行政许可必须比其他监管形式（如事中事后监管）更能有效率地达到

---

① 林鸿潮：《行政审批制度改革与行政许可效力的类别化扩张》，《中共中央党校（国家行政学院）学报》2019 年第 2 期。

② 席涛：《市场失灵与〈行政许可法〉——〈行政许可法〉的法律经济学分析》，《比较法研究》2014 年第 3 期。

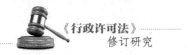
监管目标，解决市场失灵问题。①

在市场失灵的理论指导下，《行政许可法》第13条从反面规定了在未发生市场失灵情形时，可以不设行政许可的四种类型。所以行政许可属于近似兜底的监管方式，立法原旨指向不轻易采用行政许可进行政府规制。

近年来，我国开展的"放管服"改革与综合执法改革，正在改变行政机关重事前许可、轻事中事后监管的局面。但单从行政许可制度考察，行政许可事项未能完全遵循市场作为资源基础配置方式，政府只在发生市场失灵时才应登场的监管原则。行政机关意图给予市场经济全方位的家长式关爱，尽可能将行政许可触角伸向各个经济领域。例如，在长期受人诟病的建筑工程资质管理领域，行政许可事项完全展现了政府的管控意志。

《中华人民共和国建筑法》第13条规定："从事建筑活动的建筑施工企业、勘察单位、设计单位和工程监理单位，按照其拥有的注册资本、专业技术人员、技术装备和已完成的建筑工程业绩等资质条件，划分为不同的资质等级，经资质审查合格，取得相应等级的资质证书后，方可在其资质等级许可的范围内从事建筑活动。"据此，法律形成了一套建设工程行政许可集，包括"建筑施工企业资质认定""建设工程勘察设计企业资质认定""工程监理企业资质认定"等许可事项。根据现行《建筑业企业资质标准》②，建筑业企业资质分为施工总承办、专业承包和施工劳务三个序列，其中施工总承包序列设有12个类别，一般分为4个等级（特级、一级、二级、三级）；专业承包序列设有36个类别，一般分为3个等级（一级、二级、三级）；施工劳务序列不分类别和等级。同一类别下不同等级的评价维度主要包括企业净资产、企业主要人员的资质与数量、企业工程业绩的规模与数量。

由于建设工程质量确实关系公共安全，对不同类别建筑业企业设置准入许可及许可条件具有合理性。但法律在设置资质许可条件后，又对建筑业企业设置资质等级的行政许可，这不仅与《行政许可法》第12条第3

---

① 张卿：《行政许可：法和经济学》，北京大学出版社2013年版，第14～15页。

② 住房城乡建设部《关于印发〈建筑业企业资质标准〉的通知》（建市〔2014〕159号），2015年1月1日起施行。

项规定不符，忽略了建设工程领域的市场选择机制的作用，还导致违法转包、违法分包、挂靠等违法乱象呈现常态化。在原建设部颁布的《建筑业企业资质等级标准》[①] 中，施工劳务序列还需要区分类别和等级，但现行《建筑业企业资质标准》已取消了施工劳务的类别和等级，足以证明设定机关已初步意识到设置资质等级式许可事项存在问题。法律设定建设工程企业资质等级许可事项，在于促进建筑业企业能力水平的提升，并为市场提供优质的建筑企业信息和选择途径。但该类行政许可本质上未能尊重市场的基础资源配置作用，直接导致许可事项目的落空。

首先，当今社会的建设工程领域都是专业人员领域，基本不存在"陌生人"进入的可能性，无论是房建项目，还是公路、铁路、水利设施等工程项目，业主方都具有专业人员进行管理，即使业主方不具有专业人员，也可以委托专业第三方进行管理。由于业主方与建筑业企业双方都具有专业人员，无需政府介入便足以完成有效信息的判断。在这种情况下，政府家长式的关怀甚至属于画蛇添足。

其次，对于不具有相应资质等级的建筑业企业而言，欲承接有关业务时，只能采用挂靠等方式，挂靠企业的能力水平根本无法获得提升；而对于具有相应资质等级的被挂靠方而言，完全可以依靠收取管理费的方式获取利润，长此以往被挂靠方的真实能力水平也将不断下降，最终形成"劣币驱逐良币"的局面。这也间接导致我国建设工程领域挂靠现象愈演愈烈。

再次，由于建设工程领域法律关系复杂、证据资料数量多、专业化程度高，现有执法力量尚不具备对建筑业企业开展全面执法的能力。[②] 由于建设工程资质领域的违法行为实在太多，执法部门基于"虱子多了不痒"

---

① 建设部《关于印发〈建筑业企业资质等级标准〉的通知》（建建〔2001〕82号）。

② 2020年，四川省高级人民法院、四川省发展和改革委员会、四川省住建和城乡建设厅等九部门联合印发了《关于建立工程建设领域民事司法与行政执法衔接联动工作机制的意见》（川高法〔2020〕1号），明确人民法院在立案、审判、执行过程中发现当事人存在违法发包、转包、违法分包、挂靠等违法线索或违法性情的，应当及时将违法线索和证据移送相关行政机关。但根据笔者对四川省某区级综合执法部门交流，由于此类违法案件量太大，受困于预算编制的限制，执法部门无法匹配足够的执法人员。

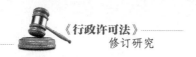
的心态，甚至不愿主动进行事中事后常态化监管，仅仅依靠投诉举报、上级交办等方式处理部分案件。劣质行政许可事项不仅导致事中事后监管无法弥补行政许可事项本身的不足，而且削弱了执法部门行使事中事后监管职责的能力。

最后，《行政许可法》第 12 条第 3 项仅规定对提供公共服务并且直接关系公共利益的职业、行业，在需要有特殊要求情形下，可以设定资格、资质的许可事项，但法律并未授权在已设定资格、资质的情形下，还可以对资格、资质的等级设定新的许可事项。按照"法无明文规定不得行使权力"的权力行使原则，设定建筑业企业资质等级许可事项违反法律规定。

（三）成本收益：行政许可设定范围的经济核算

行政许可是政府规制方法中的一种手段。在社会经济发展初级阶段，经济性行政许可在所有的行政许可中占比较高，政府规制的重点是干预社会中的经济活动，当社会经济发展到中级和高级阶段，政府规制的重点由经济领域转向社会领域，日益注重对公民健康、安全等社会性权益的保护与加强。[①] 随着我国经济社会发展，行政许可事项也呈现由经济管制向社会规制转变的趋势。但要合理判断某一事项是否有必要采用行政许可进行规制，使《行政许可法》第 12 条和第 13 条真正发挥作用，必须通过立法技术的改进，对每一项需要设立行政许可的事项进行成本效益分析，得出量化结论。[②]

传统观点认为成本效益分析等同于一种成本收益分析工具，其以货币化的方式呈现出决策的成本和效果，继而以净收益来衡量行政决策正当与否。[③] 这种传统观点使得成本效益分析一直无法脱困于对生命权、健康权等基本权利以及公共利益的评价。实际上，成本效益分析在行政法中适用的正当性问题既不以道德问题的量化为前提，也不取决于无法衡量的哲学问题的解决。成本效益分析以定量分析与定性分析相结合为特点，所有问

① 路遥：《中国行政审批权配置研究》，商务印书馆 2021 年版，第 37 页。
② 周汉华：《行政许可法：观念创新与实践挑战》，《法学研究》2005 年第 2 期。
③ 陈鹏：《行政决策成本效益分析的多重机制》，《中外法学》2021 年第 4 期。

题都可以量化是对成本效益分析的错误认识，进而导致事实问题与价值问题的混同且相互否定。[①]

成本效益分析中的成本包括两方面：一是显性成本，即可以直接反映在政府预算中的会计成本，包括立法成本、运行成本、法规调整或修改成本；二是隐性成本，即实施行政许可所引致的但难以反映在政府预算之中的成本，包括直接隐性成本（生产者或消费者为遵守许可事项所支付的各种直接费用）和间接成本（生产者或消费者为遵守许可事项要求将有限资源从其他用途中转移出来，导致资源配置低效率、生产者生产效率降低的成本）。[②] 同样，成本效益分析中的效益也包括两方面：可以直接体现为收入利润的显性效益和无法量化的隐性效益。

例如，美国的成本收益分析是按照货币化、量化、定性评估的顺序，即如果能够货币化评估，就用货币化的方式评估；如果无法进行货币化评估，则用量化评估方式，如通过污染物吨数来评估污染控制；如果货币化评估与量化评估都无法采用，则通过排序或描述性的方式评估。[③] 美国12291号行政命令规定规制机构在出台新的规制政策之前，必须向预算管理局提交规制影响分析，该项报告应该包括拟制定规制的潜在收益、潜在成本、净收益、可替代方案，包括不能货币化的情形。[④]

尽管2004年《全面推进依法行政实施纲要》、2007年《关于做好国务院2007年立法工作的意见》、2010年《国务院关于加强法治政府建设的意见》等指导性改革文件已经明确提出"积极探索开展政府立法成本效益分析"，但《行政许可法》并未吸收成本效益分析原则。《行政许可法》第19条虽然要求拟设定行政许可的起草单位应当向制定机关说明设定该行政许可对经济和社会可能产生的影响，但此条文规定与成本效益分析的要求并不完全一致。因此，行政许可法修改时，可以吸收成本效益分析原

① 郑雅方：《论我国行政法上的成本收益分析原则：理论证成与适用展开》，《中国法学》2020年第2期。
② 张红凤：《政府规制经济学》，科学出版社2021年版，第29~32页。
③ 路遥：《中国行政审批权配置研究》，商务印书馆2021年版，第170页。
④ 路遥：《中国行政审批权配置研究》，商务印书馆2021年版，第243页。

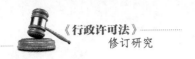
则，对拟设定行政许可时的成本效益分析主体、内容、方式等予以明确。

二、行政许可设定范围的理念变革

根据《国务院办公厅关于全面实行行政许可事项清单管理的通知》（国办发〔2022〕2号）列明的中央部委行政许可事项共计996项。另外，当前各省级行政单位实施的行政许可数量差异也较大。例如，四川省的省级、市级和区县级（三级）现行行政许可数量共计641项[①]，江苏省的省级现行行政许可数量共计491项[②]，广东省的省级现行行政许可数量共计273项[③]。不同地区行政许可事项数量差距较大，反映出各地对于哪些事项应当纳入行政许可事项进行监管，存在认识与实践的较大差别。

虽然不同类别许可事项的改革方向有所差异，比如资源配置类审批改革的方向是减少国家对资源的控制和垄断并保证国有资源分配的公平、公正；市场进入类审批改革是降低进入门槛，打破进入壁垒，激发市场活力；危害控制类审批改革的方向是打破传统体制下建立起来的审批管控制度，将审批范围收缩到那些具有社会危害性且通过其他方式不足以有效控制危害的社会活动方面。[④] 但无论设定哪些行政许可事项，都需要考察市场和社会治理主体的自律管理能力，以及政府的事中事后监管能力。改革共性都是通过提升市场与社会治理能力，以及政府事中事后监管能力，设定最能匹配监管需求的许可事项。

---

① 四川省人民政府办公厅《关于印发〈四川省行政权力指导清单（2019年本）〉和〈部分中央在川单位行政权力清单（2019年本）〉的通知》（川办发〔2019〕66号），http://www.sc. gov.cn/10462/c103046/2019/12/28/b44d13f374524d29ac6997d6c13754a2.shtml，2022年6月29日。

② 《行政权力事项清单》，http://www.jszwfw.gov.cn/jszwfw/qlqd/list.do?webId = 1&type=01&deptId=#fw_jump，2022年6月29日。

③ 《省级权责清单（按类型）》，https://www.gdzwfw.gov.cn/portal/affairs-public-duty-theme?region=440000，2022年6月29日。

④ 王克稳：《论行政审批的分类改革与替代性制度建设》，《中国法学》2015年第2期。

（一）国家治理体系对行政许可设定范围的优化

我国一轮又一轮的行政审批改革仍未逃脱"精简—膨胀—精简"的怪圈。国家治理体系正逐步转向政府、市场、社会的共治共享型治理方式，政府不再是唯一的治理主体，市场与社会的监管作用不断提升。通过市场、社会治理与政府治理的互动，补强政府的事中事后监管能力，将直接增加"行政机关采用事后监督等其他行政管理方式能够解决"的不设行政许可适用情形，最终实现精简行政许可的改革目标。

首先，明确政府与市场、社会间的权力界线。我国的政府与市场、社会长期相互交织、相互渗透。改革开放四十多年来，市场与社会还未真正从政府领域中脱胎成型，欲明确三者之间的权力界线，并非易事。《行政许可法》第 13 条规定了四类"可以不"设定行政许可的事项，已开始尝试明确政府与市场、政府与社会之间的权力界线。但由于立法规范采用了"可以不"的法律规范，而非对行政许可设定机关的禁止性条款，最终导致《行政许可法》未能明晰市场、政府与社会三者之间的权力界线。

其次，加快市场、社会的治理主体培育。目前，我国仍缺乏有利于多元化治理主体成长的法律与制度环境，尤其是政府对重要民间组织的主导始终是中国公民社会的显著特点。[①] 同时，在社会组织成立过程中，有关行政法规为此设立了严格的行政许可事项，[②] 分别是"社会团体成立、变更、注销登记""民办非企业单位成立、变更、注销登记""基金会设立、变更、注销登记"。甚至在企业章程修改仅需工商备案的情形下，行政法规仍然设定了"社会团体修改章程核准""民办非企业单位修改章程核准""基金会修改章程核准"三项行政许可。所以，我国的市场、社会治理主体培育的道路仍然漫长。

最后，推动国有企业退出竞争性行业和领域。我国投资与经营市场开放，表面上的阻力在政府、在行政审批，实质性的障碍在国有企业，行政

[①] 俞可平：《中国公民社会：概念、分类与制度环境》，《中国社会科学》2006 年第 1 期。

[②] 此处的行政法规分别为《社会团体登记管理条例》《民办非企业单位登记管理暂行条例》《基金会管理条例》。

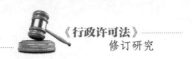

审批只是充当了国有企业垄断经营的保护伞。① 我国是从意识形态角度定义国有企业，并未真正从法律角度考虑为什么要保留那么多国有企业。行政法学从公共利益角度解读国有企业存在的合法性，我国建立现代治理体系，需要明确国有企业的公益标准、国有企业设立程序及国有企业的行为规则等。② 所以，国有企业的公共性是现代国有企业存在的合法性基石，我国的许多许可标准和条件，往往也是国有企业率先提出与适用。若国有企业仅以追求经济利益为目标，不仅是对我国市场经济发展的重大危害，导致市场经济活力降低，而且行政许可制度也将成为国有企业维护自身垄断地位的挡箭牌。

国家治理体系改革是政府、国有企业逐渐退出，市场与社会治理主体逐渐发展壮大的过程。目前，市场与社会治理主体已逐步开始与政府监管互动。例如，淘宝作为全球最大的电商平台已与执法部门建立产品质量共享信息机制，与执法部门共享该平台上的大量商品与交易信息，并被执法部门作为重要的打假信息数据来源③；美团作为我国最大的本地生活服务平台，具有大量的餐饮及餐饮外卖订单，不仅自行制定了《美团网络订餐食品安全管理办法》④ 约束入驻该平台的所有商户，而且已与各地执法部门纷纷建立食品安全的社会共治机制。⑤ 当前市场与社会的治理力量还处于初生状态，还未能扭转随意设定行政许可的监管困局。国家治理体系改革为重新审视行政许可设定范围的合理性问题，展开了新视角。

（二）整体政府对行政许可设定范围的发展

上级导向的压力型行政体制与职责同构的地方政府职权是我国地方政

---

① 王克稳：《我国行政审批制度的改革及其法律规制》，《法学研究》2014 年第 2 期。

② 徐继敏：《国家治理体系现代化与行政法的回应》，《法学论坛》2014 年第 2 期。

③ 《阿里与浙江工商签打假协议 将共建信息数据共享机制》，https://www.chinanews.com/cj/2015/06-09/7333186.shtml，2022 年 6 月 29 日。

④ 《美团网络订餐食品安全管理办法》，https://rules-center.meituan.com/rules-detail/65，2022 年 6 月 29 日。

⑤ 例如：《省市场监管局与美团点评开展战略合作 政企数据共享从五方面联手》，《辽宁日报》2019 年 10 月 25 日第 2 版。

府权力体系的基本特征。[①]"上下同责""上下同粗"的地方行政体制，使得国家治理体系的建构不仅仅是横向多元化治理问题，也是上下级政府间整体政府的建设问题。整体政府理论投射在行政许可设定范围领域，主要表现为许可事项的差异化设定。

我国每一级地方政府都管理着基本相同事务，特别在列举每级政府职责后，都以"办理上级国家行政机关（上级人民政府）交办的其他事项"进行兜底。这一条简单的规定，以服从上级管理的名义，将政府的所有对内职责潜在地贯穿在整个政府体系之中。[②]但整体政府着眼点在于根据不同政府的事权需求，匹配与之相适应的行政权力，形成权力的"不尽相同、各有侧重"的局面，其中也就包括许可事项的差异化设定。

从层级上看，全国性或者涉及国家安全的许可事项，宜由法律或行政法规设定，并由国务院工作部门实施；而与普通公民密切相关的许可事项，宜由地方性法规或省级政府规章设定，并由区县级政府工作部门实施。从地域上看，不同地区的地方政府所承担的城市治理职责差异较大，可以允许地方人民代表大会及其常委会、地方人民政府在不与《立法法》第 72 条和第 82 条冲突的情形下，设定行政许可事项。例如，重庆市由于山城地势影响，没有共享单车的生存土壤与市场需求，基本不需要像平原城市一样设定关于共享单车治理的许可事项。

（三）数字政府对行政许可设定范围的促进

《法治政府建设实施纲要（2021—2025 年）》同时指出："健全法治政府建设科技保障体系，全面建设数字法治政府。坚持运用互联网、大数据、人工智能等技术手段促进依法行政，着力实现政府治理信息化与法治化深度融合，优化革新政府治理流程和方式，大力提升法治政府建设数字化水平。"全面建设数字政府的要求，不再是简单的政务服务信息化，而

---

① 赵豪：《国家治理体系下的地方政府权力重构》，《四川理工学院学报（社会科学版）》2014 年第 6 期。

② 马斌：《政府间关系：权力配置与地方治理——基于省、市县政府间关系的研究》，浙江大学出版社 2009 年版，第 81 页。

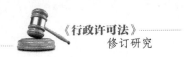

是从行政体制到政府治理流程、方式的全方位转变。

在信息化时代，政府把政务流程复制到在线平台上，让政府的信息报告和决策能够超越时间、空间等要素在第一时间让公民获知，而智能化时代数字政府的主要特点表现在基础设施云化、全触点数字化、业务在线化和数据运营化四个方面，主要作用体现在扁平沟通的互动理念、政务数据的协同共享、精准服务的优化供给、科学决策的有效输出。[①] 随着全国各地"一网通办""一体化政务平台"等政务系统建成落地，行政许可主要途径已逐渐从"线下办理"转变为"全程网办"。在数字政府技术加持下，设定行政许可事项也将受技术冲击。

由于政府掌握了海量大数据信息，将使需要设定行政许可进行监管的事项大幅减少，政府可以较为轻松地通过"大数据"和"互联网＋"的方式，加强事中事后监管，逐步减少行政许可的设定事项。所以，随着数字政府建设的不断深入，政府对于行政许可设定范围的实际需求也将递减。

三、行政许可设定范围的规范调整

《行政许可法》第 12 条和第 13 条是行政许可设定范围制度的核心规范，其中第 12 条规定了五类"可以"设定行政许可事项的原则，并采用兜底条款予以扩展；第 13 条反之规定了四类"可以不"设定行政许可的原则。如果一般地套用这两条规定，几乎可以说任何事项都可以设定许可，也可以都不设定许可，很难有科学的依据。[②]

（一）"可以"设定行政许可事项的授权失控

国务院法制办最初起草的《行政许可法（征求意见稿）》（第一稿）第 12 条曾经采用具体列举方式，明确规定了 12 种可以设定行政许可的事项，但由于列举并不周延，并且对列举中的某些事项是否应该设定行政许

---

① 沈费伟、诸靖文：《数据赋能：数字政府治理的运作机理与创新路径》，《政治学研究》2021 年第 1 期。

② 周汉华：《行政许可法：观念创新与实践挑战》，《法学研究》2005 年第 2 期。

可有不同意见，后来草案都只做原则性规定，不具体加以列举。[1] 所以
《行政许可法》第 12 条采用了列举加授权式的规范方式，详细列举了五类
"可以"设定行政许可事项的原则，并采用第 6 项兜底条款予以扩展。从
立法技术来看，《行政许可法》第 12 条对行政许可设定范围的规定看似周
延，但对第 6 项兜底条款存在完全不同的解释逻辑，导致行政机关却可以
随意突破授权规则。第 6 项的具体表述为"法律、行政法规规定可以设定
行政许可的其他事项"。此处法律、行政法规是具有任意设定行政许可事
项的权力，还是应当受到第 12 条所列举的前五类许可事项限制，只能设
定与前五类许可类似事项呢？

《行政许可法》第 12 条的立法模式属于"例示规定"。一方面，例示
规定中的"等""其他"所指代的事项处于上位概念语义的模糊区域，它
与列举的典型事项之间不是全同、包含或被包含的关系，也不是全异的排
斥关系，而是一种类似关系；另一方面，"等""其他"等词语所指代的事
项，必须与列举的具体事项具有明显的类似之处，这也排除了那些与它们
类似处不多的事项。[2]

《行政许可法》第 12 条具有"例示规定"的一般特性，即"其他"所
指代的事项应当与前五类列举许可事项类似。同时，《行政许可法》第 12
条第 6 项所采用的例示规定与常见例示规定也存在明显区别，即在"其他
事项"前增加了限制性条件。例如，《行政处罚法》第 9 条规定的行政处
罚种类："行政处罚的种类：……（六）法律、行政法规规定的其他行政
处罚"；《行政强制法》第 18 条规定的行政强制措施实施程序："行政机关
实施行政强制措施应当遵守下列规定：……（十）法律、法规规定的其他
程序。"

与之比较，《行政许可法》第 12 条第 6 项的兜底条款明显增加了"可
以设定行政许可"的限定语。笔者称此类为"限制性兜底条款"，即与普
通兜底条款相比，限制性兜底条款的辐射范围更加受限定语约束。

---

[1] 周汉华：《行政许可法：观念创新与实践挑战》，《法学研究》2005 年第 2 期。
[2] 刘风景：《例示规定的法理与创制》，《中国社会科学》2009 年第 4 期。

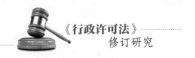

《行政许可法》第 12 条第 6 项兜底条款中的"可以设定行政许可的其他事项"与第 12 条规定的"下列事项可以设定行政许可"表述基本一致。无论从规范法学的文义解释看还是体系解释看,《行政许可法》第 12 条第 6 项兜底条款中的"可以设定行政许可"限定语,都是《行政许可法》第 12 条第 1 项至第 5 项的同义转换。申言之,《行政许可法》第 12 条第 6 项所兜底的法律、行政法规扩展行政许可设定事项,更加强调必须与《行政许可法》第 12 条第 1 项至第 5 项的列举情形类似,甚至比普通例示规定愈加强调列举事项的限制。如果超出第 1 项至第 5 项列举事项的辐射范围,法律、行政法规也不得设定新的许可事项。

由于设定行政许可事项属于政府的强力监管方式,所以设定行政许可事项应当具有谦抑性。《行政许可法》第 12 条第 6 项采用"限制性兜底条款"的立法方式无疑是正确的,但在设定行政许可事项的实践中,无论立法机关还是行政机关似乎对《行政许可法》第 12 条第 6 项的"限制性"重视不足。比如前文所述"巡游出租汽车经营许可""建筑施工企业资质认定""建设工程勘察设计企业资质认定""工程监理企业资质认定"等许可事项,均突破了《行政许可法》第 12 条第 6 项的限定条件。

(二)"可以不"设定行政许可事项的限制失效

从条文体系上看,《行政许可法》第 12 条属于授权性条款,而《行政许可法》第 13 条本该采用禁止性条款,才能满足类别化的周延性。但《行政许可法》第 13 条罕见地采用了"可以不"的法律用语,使得设定行政许可事项长期处于摇摆不定状态。目前,我国共有 42 部现行有效法律采用了"可以不"的法律规范(含《行政许可法》)①,其中《民法典》共有 10 个法律条款涉及,数量最多;《民事诉讼法》共有 5 个法律条款涉及,数量次之。

根据对"可以不"的法律条文统计,相关法律规范通常分布在两个私

---

① 该数据为笔者于 2021 年 10 月 30 日采用"北大法宝"数据库,以"可以不"为检索字段,进行全文检索,并筛除重复法律条文后得出。

法领域、两个公法领域，共四类领域使用"可以不"的规范表述。

首先，在私权利领域，对于一般原则的例外情形，法律授权民事主体在符合某些条件下"可以不"执行某些法律规定。例如，《民法典》第666条规定"赠与人的经济状况显著恶化，严重影响其生产经营或者家庭生活的，可以不再履行赠与义务"，即赠与人原则上必须履行赠与义务，只有在"经济状况显著恶化"或者"严重影响其生产经营或者家庭生活"时，才可以不履行赠与义务。此类似规定还包括：《中华人民共和国著作权法》（以下简称《著作权法》）第24条、《中华人民共和国农村土地承包法》（以下简称《农村土地承包法》）第40条第3款、《中华人民共和国公司法》（以下简称《公司法》）第37条第2款和第166条第1款、《中华人民共和国海商法》（以下简称《海商法》）第249条第1款等。

其次，在私权利领域，出于对民事权利自由行使的保护，法律允许民事主体"可以不"实施某些行为。例如，《中华人民共和国票据法》（以下简称《票据法》）第68条规定："持票人可以不按照汇票债务人的先后顺序，对其中任何一人、数人或者全体行使追索权"，即持票人可以自由向任意顺序的汇票债务人行使追索权。

再次，在公权力领域，出于对相对人的特殊保护，法律允许相对人在符合某些条件下"可以不"执行某些法律规定，或者公权力机关"可以不"对相对人实施某些法律行为。例如，《行政处罚法》第33条第1款规定"初次违法且危害后果轻微并及时改正的，可以不予行政处罚"，即属于行政机关对符合"首违不罚"的相对人所采取的特殊保护措施。此类似规定还包括《道路交通安全法》第54条第2款、《行政强制法》第16条第2款、《反垄断法》第22条等。

最后，在公权力领域，对于国家行为、军事行为、紧急情形等特殊情况下，法律授权公权力机关"可以不"执行某些法律规定。例如，《海上交通安全法》第56条规定，"中华人民共和国军用船舶执行军事任务、公务船舶执行公务，遇有紧急情况，在保证海上交通安全的前提下，可以不受航行、停泊、作业有关规则的限制"。此类规定还包括《中华人民共和国公路法》（以下简称《公路法》）第48条第2款、《中华人民共和国引渡

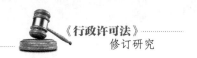

法》（以下简称《引渡法》）第 40 条第 1 款、《中华人民共和国戒严法》（以下简称《戒严法》）第 27 条第 2 款。

《行政许可法》第 13 条使用"可以不"的规范用语，与其他 41 部使用"可以不"的法律规范明显不同。《行政许可法》第 13 条的文本表象为公权力可以不设定行政许可的事项，看似属于公权力对相对人的保护。但结合《行政许可法》第 12 条考察，就能发现《行政许可法》第 13 条属于对公权力的授权，即法律授权设定机关对是否设定行政许可事项拥有自由裁量权，能够自行决定"可以"设定哪些许可事项，"可以不"设定哪些许可事项。

按照"权力—制约"的权力构造范式，无论是行政处罚中的裁量基准，还是行政许可实施中的裁量基准，自由裁量权都应受到限制。但在行政许可法及其配套制度中，都未见针对是否设定行政许可事项的裁量监督制度，仅有《行政许可法》第 19 条"听取意见、说明理由制度"的程序性安排。《行政许可法》第 13 条立法本意在于对《行政许可法》第 12 条"可以"范围进行限缩，但由于第 13 条所规定标准的模糊性，导致是否设定许可事项的裁量权未有任何实质性制约。由于是否设定行政许可事项的裁量权不受监督制约，导致《行政许可法》第 12 条和第 13 条构建的设定行政许可事项体系存在整体失范风险。

《行政许可法》第 13 条使用"可以不"的用语表述，与第 12 条、第 13 条所意图构建的规制体系不符，也不符合"可以不"的法律用语的规范表达。所以，《行政许可法》第 13 条应当修改为"本法第 12 条所列事项，通过下列方式能够予以规范的，不得设定行政许可：……"以明确限缩行政许可设定范围，保持行政许可设定范围的谦抑性。

四、行政许可设定范围的监督完善

《行政许可法》第 19 条规定的"听取意见、说明理由制度"与第 20 条规定的"行政许可评价制度"共同建构了行政许可设定范围的事前、事后监督机制。但设定行政许可事项的程序过于简单，而"听取意见、说明理由制度"与"行政许可评价制度"又无法发挥应有作用，导致行政许可的设立与取消都过于随意。因此，有必要进一步完善行政许可设定范围的法律监督机制。

（一）加强事前监督机制的规范衔接

《行政许可法》第 19 条规定的说明理由内容仅包括三项，即设定行政许可的必要性、对经济和社会可能产生的影响及听取、采纳意见的情况。但设定行政许可的必要性不能完全体现设定行政许可事项是否体现了公共利益保护与市场失灵拯救的价值，也未明确是否需要围绕《行政许可法》第 12 条规定的可以设定行政许可事项进行说明。因此，可以将《行政许可法》第 19 条进一步明确为："起草法律草案、法规草案和省、自治区、直辖市人民政府规章草案，拟设定行政许可的，起草单位应当采取听证会、论证会等形式听取意见，并向制定机关说明设定该行政许可的必要性、是否符合本法第 12 条所列具体许可事项、对经济和社会可能产生的影响以及听取和采纳意见的情况。"

（二）完善后监督机制的法律规制

《行政许可法》第 20 条规定的行政许可评价制度包括设定机关评价与实施机关评价两大类。其中，要求设定机关定期评价，并对已设定的行政许可按照《行政许可法》第 13 条进行评估，及时予以修改或者废止；而实施机关的职责较为简单，仅是适时评价并将意见上报设定机关。但目前的行政许可评价制度存在行政机关功能弱化、评价制度启动期限尚不明确、社会控制机制不健全、责任制度缺失等缺陷[①]，对行政许可评价制度实际运行产生了严重梗阻。例如，国务院在一次又一次的取消和调整行政许可事项中，从未阐释过取消和调整行政许可事项的详细理由，更未见国务院公开评价报告或评价结果，取消调整理由基本笼统表述为"经研究论

[①] 潘丽霞、陈伯礼、张冠华：《裁量控制视角下的行政许可评价制度研究》，《中国行政管理》2015 年第 3 期。

证"等①，具体理由无从知晓。因此，有必要单独制定实施办法，对行政许可评价制度的主体、方法、内容、体系和程序等事项进行系统性完善。

（三）构建设定行政许可事项的人大备案审查机制

我国设定行政许可事项最主要的法规类型，并不是法律、行政法规、地方性法规，而恰恰是被排除在人大备案审查范围之外的国务院决定。2004 年 6 月 29 日，国务院发布《对确需保留的行政审批项目设定行政许可的决定》，一次性对法律、行政法规外的规范性文件设定的 500 项行政许可予以保留并设定行政许可，尽管国务院后续取消和调整了部分行政许可，但国务院仍是我国行政许可最主要的设定主体。② 对于设定如此之多行政许可事项的国务院决定，人大备案审查制度却未能予以关注，导致设定行政许可事项由《行政许可法》设想的立法规制转变为行政机关自我规制，缺乏必要的外部监督。

根据《法规、司法解释备案审查工作办法》第 2 条规定，全国人大及其常委会的备案审查对象为行政法规、监察法规、地方性法规、自治州和自治县的自治条例和单行条例、经济特区法规以及最高人民法院、最高人民检察院作出的属于审查、检察工作中具体应用法律的解释。《法规、司法解释备案审查工作办法》所规定的备案审查对象移植于《立法法》所规定的立法活动，却未考虑我国设定行政许可事项的运行实践。因此，可以将国务院设定行政许可事项的决定纳入全国人大备案审查制度予以监督制约，加强行政许可设定范围的立法监督。

总之，《行政许可法》第 12 条和第 13 条所构建的设定行政许可事项制度存在整体失范的问题，导致我国不断重复着一轮又一轮以精简许可事项为核心的行政审批改革。当前探讨行政审批变革，需要在国家治理体系、整体政府、数字政府的改革背景下，重新认识设定行政许可事项改革

---

① 《国务院关于第三批取消和调整行政审批项目的决定》（国发〔2004〕16 号）的表述为"经严格审核论证"；《国务院关于第四批取消和调整行政审批项目的决定》（国发〔2007〕33 号）的表述为"经严格审核和论证"。

② 徐继敏：《国务院设定行政许可实践研究》，《行政法学研究》2015 年第 1 期。

的价值、功能与要素。诞生于加入世贸组织背景下的《行政许可法》，已与全面深化改革中的我国经济与社会不相符。透过国务院主导的多轮以取消行政许可事项为核心的行政审批改革，我们不仅可以看到行政许可的价值与功能发展脉络，也可以发现我国行政许可设定范围在法律规范、监督机制等方面的缺陷。在《行政许可法》即将修改之际，本文对行政许可设定范围在价值、要素、规范及监督机制等问题提出了部分拙见，希望能够推动国家治理体系和治理能力现代化之下的行政许可制度不断发展。

第二章

行政许可监督制度的修改

第一节　行政许可撤销制度的反思

行政许可撤销制度作为行政许可领域中的重要制度被广泛采用。《行政许可法》第 69 条规定，当有相关情形时[①]，作出行政许可决定的行政机关或者其上级行政机关，根据利害关系人的请求或者依据职权，可以撤销行政许可。行政许可的撤销，是典型行政行为的撤销。"行政撤销权是指行政机关消灭其所作违法或不当行为法律效力的权利"[②]，《行政许可法》撤销条款中关于行政许可撤销的规定可以分为两类，即一类是因行政机关过错撤销，另一类是因被许可人过错而撤销，其规定与内容与行政行为撤销原理有所区隔。实践中，行政机关容易运用撤销行政许可作为行政处罚的情形，这为理论上界定行政许可撤销的性质带来挑战，应当重视行政许可注销制度在行政许可领域中的定位，更好地发挥其应有的功能。

[①]　《行政许可法》第 69 条规定的行政许可撤销的情形有：（一）行政机关工作人员滥用职权、玩忽职守作出准予行政许可决定的；（二）超越法定职权作出准予行政许可决定的；（三）违反法定程序作出准予行政许可决定的；（四）对不具备申请资格或者不符合法定条件的申请人准予行政许可的；（五）依法可以撤销行政许可的其他情形。

[②]　章志远：《行政撤销权的法律控制》，《政治与法律》2003 年第 5 期。

一、行政许可撤销的规范现状

（一）总体情况

行政许可撤销是行政机关对已经生效行政许可的纠错机制。任何行政行为均有可能出现错误，因此对行政行为设计纠错制度成为法治社会的必然要求。行政许可撤销制度被行政许可领域的法律法规广泛采用，通过撤销行政许可建立的纠错机制发挥作用明显。《行政许可法》、《中华人民共和国反间谍法》（以下简称《反间谍法》）、《中华人民共和国对外贸易法》（以下简称《对外贸易法》）、《中华人民共和国反电信网络诈骗法》（以下简称《反电信网络诈骗法》）、《中华人民共和国消防法》（以下简称《消防法》）、《金融机构撤销条例》等多部法律法规均明确规定了行政许可撤销制度。

行政许可撤销制度是行政许可领域广泛适用的制度之一，对行政机关纠正不当行为发挥巨大作用。然而却未有任何一部法律法规对行政许可撤销制度的适用程序予以明确规定。相较而言《行政许可法》第 69 条规定的行政机关撤销行政许可的适用情形是比较清晰的。尤其是《行政许可法》作为行政许可领域的"基本法"，其他涉及行政许可注销适用情形、程序、法律后果等规定均应当依据《行政许可法》的相关规定。因此，以《行政许可法》第 69 条为例，具体分析在现行法律规范中行政许可撤销的适用情形是具有代表意义的。

（二）行政许可撤销的分类

以《行政许可法》第 69 条规定的行政许可撤销的适用情形对行政许可撤销进行分类，是对行政许可撤销制度的整体把握。一方面，在不同分类中讨论各撤销行政许可的区别；另一方面，对《行政许可法》中行政许可撤销类型化分析，将有助于发挥《行政许可法》在行政许可领域的"统帅"作用。

1. 依申请撤销和职权撤销

《行政许可法》第 69 条明确规定，"有下列情形之一的，作出行政许

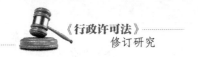

可决定的行政机关或者其上级行政机关，根据利害关系人的请求或者依据职权，可以撤销行政许可"。该条文明确规定了行政许可撤销可以依据利害关系人的请求或者依据行政许可决定的行政机关或者上级行政机关的法定职权启动行政许可撤销程序。该法条既明确规定了行政许可撤销程序并不是随意（任意）启动，对行政机关的权力进行限制，避免权力的滥用和恣意。同时，通过"依申请"或者"依职权"的启动方式说明了撤销在《行政许可法》中作为行政机关纠正错误行为的定位，是较容易启动的。这符合法治政府的建设理念。

2. 因行政机关导致的注销和因被许可人错误导致的注销

《行政许可法》第69条通过设定5种法定情形，概括行政许可的注销情形。其中根据行政许可撤销所要"纠正"错误的客体来看，主要分为行政机关的过错导致的注销与被许可人的过错导致的注销。因行政机关的过错导致的行政许可被撤销的情形主要有："（一）行政机关工作人员滥用职权、玩忽职守作出准予行政许可决定的；（二）超越法定职权作出准予行政许可决定的；（三）违反法定程序作出准予行政许可决定的"，共三种，其中包括了行政机关、行政机关工作人员与行政程序错误。因被许可人的过错导致的行政许可撤销的情形主要是"对不具备申请资格或者不符合法定条件的申请人准予行政许可的"和"被许可人以欺骗、贿赂等不正当手段取得行政许可"的情形，即被许可人不满足所申请行政许可的形式要件与实质要件。

以行政许可错误原因导致的行政许可被撤销的分类，对行政法治的发展与实践意义重大。一方面，可以通过设置承担不良后果提醒行政机关或者被许可人，在申请或批准行政许可时要满足设立行政许可的形式要件与实质要件；另一方面，对威慑行政机关和被许可人避免过错行为具有重要意义。

3. 可以撤销、应当撤销和不予撤销

根据撤销行政许可的实施强度可以将行政许可撤销分为"可以撤销"

"应当撤销"和"不与撤销"。

"可以撤销"是指《行政许可法》第69条规定"有下列情形之一的，作出行政许可决定的行政机关或者其上级行政机关，根据利害关系人的请求或者依据职权，可以撤销行政许可"，即通过第69条明确列举的4种情形以及兜底条款的情形，均是"可以"撤销，"可以"撤销即意味着，发生第69条规定的相应情形，行政机关既"可以"撤销又"可以"不撤销，其同样说明在法律规定的情形中行政许可是具有法律效力的，撤销是行政许可丧失法律效力的行为。

"应当撤销"是指，"被许可人以欺骗、贿赂等不正当手段取得行政许可的，应当予以撤销"。欺骗、贿赂等其他不正当手段是指，被许可人采取非法手段获得行政许可的情形，在此情形下，行政许可应自始无效并通过撤销的行使予以追认。该种情形也明确区分于"对不具备申请资格或者不符合法定条件的申请人准予行政许可"的可以注销情形，其区分的关键点在于有关行政许可的效力不同。

"不予撤销"是指《行政许可法》第69条明确规定的"依照前两款的规定撤销行政许可，可能对公共利益造成重大损害的，不予撤销"。即因"行政机关工作人员滥用职权、玩忽职守作出准予行政许可决定的，超越法定职权作出准予行政许可决定的"，该两款规定的撤销情形是"可以撤销"，撤销该行政许可导致其丧失法律效力，若因行政许可丧失法律效力会造成公共利益受到损害的，就不能够撤销该行政许可。这是因为，这两种情形的"错误"并不在被许可人，是行政机关的过错成立了"错误"的行政许可，因此被许可人对行政许可行为产生信赖利益，且该行政许可的存续将产生较大的社会收益。行政许可的撤销意在纠正错误减少损失，因此当撤销行政许可会导致更大的损失时，就不应当撤销该行政许可。

二、行政许可撤销在实践中的功能发挥

行政许可撤销制度的功能发挥体现了行政许可撤销的法律性质。通过梳理我国法律规范中撤销在具体情形中的规定，分析其发挥的功能，将对

进一步厘清行政许可撤销的性质，完善《行政许可法》撤销条款具有重大意义。

1. 行政处罚

根据《行政处罚法》第 2 条规定，"行政处罚是指行政机关依法对违反行政管理秩序的公民、法人或者其他组织，以减损权益或者增加义务的方式予以惩戒的行为"，"惩戒性"是行政处罚的核心特征，而行政许可撤销在一定程度上发挥了"惩戒"功能。撤销行政许可，即通过撤销的形式，使行政许可丧失其原本具有的法律效力。对于本无过错的被许可人来说，其权益当然会因撤销而减损。尤其是当行政许可是因行政机关人员的疏忽大意设立，被许可人因行政机关的批准行为已经对其产生的信赖利益，即被许可人坚信自己是通过合法手段获得该行政许可。虽然《行政许可法》第 69 条将此种情形设置为"可以"撤销的情形，并通过"公共利益"作为特别情形，即撤销该行政许可导致公共利益受损害的"不予"撤销该许可。其核心保障的是多数人的利益而非被许可人的利益，被许可人在此种情形下在形式上其权力为"合法状态"，虽然在此种情形中，撤销该行政许可行政机关会对被许可人予以补偿，但该行政许可形式上"合法有效"与实质"不能生效"之间的矛盾，并非被许可人的过错产生，通过"补偿机制"并不能抵消其本质上的"惩戒性"。

实践中，法律法规在规定撤销条款时，也存在将撤销作为行政处罚的情形。《消防法》第 58 条规定，"违反本法规定，有下列行为之一的，由住房和城乡建设主管部门、消防救援机构按照各自职权责令停止施工、停止使用或者停产停业，并处三万元以上三十万元以下罚款……核查发现公众聚集场所使用、营业情况与承诺内容不符，经责令限期改正，逾期不整改或者整改后仍达不到要求的，依法撤销相应许可"。在行政处罚领域，"责令限期改正"是柔性执法的手段之一，即在一定时期内改正错误，如果不能够在规定的时间内改正错误，行政机关将对其下达行政处罚文书给予行政处罚。《消防法》第 58 条的规定，符合行政处罚适用的程序条件，将撤销相应许可作为对被许可人限期内不进行整改或整改不达标的行政处罚行为。《道路交通安全法》^① 也存在类似规定。

2. 行政监督

行政监督是行政机关在日常生活中对不合法的问题、事项、程序等进行纠正的行为。《行政许可法》第 69 条规定情形均在强调行政许可的效力获得存在瑕疵甚至是错的。"滥用职权""玩忽职守""超越职权""违反程序""没有资格""不符合条件""欺骗""贿赂",种种字眼均意在说明,该具有法律效力的行政许可是错误的、违法的。因此行政机关通过撤销的方式,使得一个错误的、违法的行政许可回归至原始状态,是典型的纠错行为。这种纠错行为不具有惩戒的内容,因此不是行政处罚,是行政机关的监督行为。

《海上交通安全法》第 98 条规定,"以欺骗、贿赂等不正当手段为中国籍船舶取得相关证书、文书的,由海事管理机构撤销有关许可,没收相关证书、文书,对船舶所有人、经营人或者管理人处四万元以上四十万元以下的罚款。以欺骗、贿赂等不正当手段取得船员适任证书的,由海事管理机构撤销有关许可,没收船员适任证书,对责任人员处五千元以上五万元以下的罚款"。其发挥的作用形式是发现非法手段获取的行政许可后将其撤销,而后进行行政处罚,而非将适用罚款等行政处罚之后再通过撤销消灭其法律效力,这也是行政许可撤销的行政监督性质区别于行政处罚的典型标志。

3. 行政强制措施

《行政强制法》第 2 条规定,"行政强制措施,是指行政机关在行政管理过程中,为制止违法行为、防止证据损毁、避免危害发生、控制危险扩

① 《道路交通安全法》第 94 条规定:"机动车安全技术检验机构实施机动车安全技术检验超过国务院价格主管部门核定的收费标准收取费用的,退还多收取的费用,并由价格主管部门依照《中华人民共和国价格法》的有关规定给予处罚。机动车安全技术检验机构不按照机动车国家安全技术标准进行检验,出具虚假检验结果的,由公安机关交通管理部门处所收检验费用五倍以上十倍以下罚款,并依法撤销其检验资格;构成犯罪的,依法追究刑事责任。"

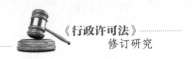

大等情形，依法对公民的人身自由实施暂时性限制，或者对公民、法人或者其他组织的财物实施暂时性控制的行为"。从法条规定的文本上来看，行政强制措施本质上是一种即时性措施，其目的在于控制风险的继续扩大。《金融机构撤销条例》第 2 条明确规定，"本条例所称撤销，是指中国人民银行对经其批准设立的具有法人资格的金融机构依法采取行政强制措施，终止其经营活动，并予以解散"。该条例开宗明义，将对具有法人资格的金融机构的撤销定位为行政强制措施。

在形式上，通过撤销金融机构的法人资格至其丧失行为能力，以原有法人名称从事活动，以暂时性消灭金融机构的法人资格确保金融秩序的稳定，形式上符合行政强制措施的构成要件，但是该条例忽略了行政许可被撤销，其法人资格不是暂时性失效，而是被撤销时其法人资格即失去法律效力。

"行政强制措施在适用过程中存在违反法定程序，超范围、超时限滥用，用行政强制措施代替行政处罚等问题，严重侵犯公民人身、财产权益。然而相关行政强制措施监督体系不健全，难以实现有效监督。"[1]

三、行政许可撤销面临的问题

（一）性质界定的分歧

区分某一行政行为的法律性质意义重大，对其程序控制、法律后果等程序的设置有着巨大影响。不同性质行政行为产生的法律后果、救济方式等均不相同，因此要在把握行政许可撤销的法律性质基础上，反思行政许可撤销制度在实践中的价值。《行政许可法》第 69 条，通过明确规定五种情形，即四种确定式列举加上一种兜底条款的设置，意图穷尽行政许可撤销的适用情形。而且因兜底条款的特殊性，即兜底条款中"依法可以撤销行政许可的其他情形"的规定应当是对前四款规定的共性总结，如果其他

---

① 王林林：《论侵犯公民合法权益型行政强制措施的检查监督》，《法学杂志》2019 年第 3 期。

情形并不是前四款所规定情形的同性质同等条件的列举，则此种"其他情形"不能够适用第 69 条规定。从《行政许可法》第 69 条前四款的规定上来看，行政许可撤销的情形无外乎因行政机关过错导致的撤销与因被许可人过错导致的撤销，因此可以推断，行政许可的撤销是以"过错"为前提，其立法的本意应当是力图纠正该"过错"。因此，学界大都将行政许可撤销理解为行政行为的纠错行为，以此区分于行政处罚等惩戒性措施。但是，一个生效的行政许可因被撤销致其丧失法律效力，若断言这种撤销不具有惩戒性而将其区别于行政处罚是缺少说服力的，行政许可有效到失效的这一过程中不能忽略其惩戒性。当前实践中行政许可撤销的法律性质问题引起了学者关注并产生了不同的见解。

有学者以撤销学位为例，结合行政处罚的原则和特性，对实践情形、法律规定、法律后果等因素综合分析，认为撤销学位不是行政处罚[①]；相反观点认为，"对于申请人因真实信息的隐瞒或者是虚假信息的提供而取得的许可登记，司法行政部门所作的撤销许可决定本质上应当属于行政处罚的范畴"[②]。有学者以撤销律师执业证为例分析行政许可撤销区别于行政许可撤回和吊销[③]；以及通过对行政许可适用的目的和主体角度进行分析，认为"行政许可之撤销行为是行政机关纠正有瑕疵或者违法许可行为的一种行政处理措施，与行政机关撤销具体行政行为的法律属性相同，不是行政处罚"[④]。但是也有学者认为，对行政许可撤销具体情形具体分析，"撤销许可很有可能构成一种行政处罚，但并非所有的撤销许可都是行政处罚"[⑤]，"行政许可的撤销是一种基于当事人的违法行为而做出的处理决定，在性质上较为复杂，既可能属于行政处罚，也可能是对行政许可的监

[①] 朱志辉：《论撤销学位的行政行为性质》，《高教探索》2006 年第 6 期。

[②] 蔺耀昌、胡炳超：《撤销行政许可的法律性质及效力研究》，《行政法学研究》2007 年第 4 期。

[③] 袁钢：《撤销律师执业许可问题研究》，《行政法学研究》2018 年第 6 期。

[④] 李孝猛：《行政许可撤销行为的法律属性》，《华东政法学院学报》2005 年第 3 期。

[⑤] 蔺耀昌、胡丙超：《撤销行政许可的法律性质及效力研究》，《行政法学研究》2007 年第 4 期。

督"①，即根据不同的情形，对行政许可撤销的性质不是恒定的。

行政许可撤销的性质界定分歧，是行政许可撤销在实践中面临的重要难题。

（二）缺乏具体程序规定

行政许可撤销在性质上的争议，主要是围绕着行政许可撤销对被许可人的"惩戒性"，即对被许可人获得的具有法律效力的行政许可通过撤销使其丧失法律效力，这给学者造成一种剥夺被许可人权利的误会，使其沿着权利保障理论进而认为因撤销使行政许可丧失效力是一种权利负担，是行政处罚行为。因关注的不全面，没有考虑行政许可撤销的前提条件，仅以结果为导向的辩证思维实难解释行政许可撤销行政处罚性质，但应当注意的是，对行政行为对行政相对人有权利影响的应当通过法律途径予以规范。

《行政许可法》第 69 条规定了行政许可撤销的启动条件、适用情形及法律后果三个方面，但是并未制定更加详细的具体操作规范。"行政许可撤销权的规范行使离不开科学、合理、规范的撤销程序的保障。"② 以行政许可撤销的启动条件为例，《行政许可法》第 69 条规定，"作出行政许可决定的行政机关或者其上级行政机关，根据利害关系人的请求或者依据职权，可以撤销行政许可"，其中行政机关包括了许可的决定机关和上级机关，其依据的职权的内容并未通过《行政许可法》法条的形式确立起来，如果是许可机关行使撤销权，容易被理解成是对自身行政行为的修正，如果是上级机关基于上下级的职权监督关系撤销行政许可，显然是理由不充分的。另外第 69 条对"根据利害关系人的请求"申请撤销的情形也没有详细规定。"利害关系人"的概念如何界定？是被许可人的同业竞争者、被许可人实施经营活动的相对人，还是任何与行政许可有一定联结的人均可以申请启动注销程序？法律均未有明确规定。行政许可撤销程序

---

① 应松年、杨解君：《行政许可法的理论与制度解读》，北京大学出版社 2004 年版，第 144 页。

② 徐晓明：《行政许可撤销制度研究》，《行政法学研究》2008 年第 4 期。

启动之后，如果没有发现行政机关（行政机关工作人员）或被许可人的过错，启动的程序自动终结还是需要向社会予以公布，这是法律应当明确的内容。

（三）救济方式规定不明

《行政许可法》第 69 条规定的行政许可撤销的适用情形，包括应当撤销、可以撤销和不予撤销，但对被许可人的权利救济方式和程序未有明确规定。以可以撤销和不予撤销两种情形为例，"行政机关工作人员滥用职权、玩忽职守作出准予行政许可决定的"，行政机关可以撤销该行政许可，但是在该种情形下，撤销行政许可可能对公共利益造成重大损害的，不予撤销。该种情形说明《行政许可法》在涉及行政许可撤销制度时，运用了利益权衡的理论，若证明撤销行政许可对公共利益造成较大影响，就不予撤销，但当撤销行政许可不涉及公共利益时，就可以撤销。确定撤销该行政许可的，被许可人的合法权益受到损害的，行政机关应当依法给予赔偿。因行政机关的工作人员的过错导致的错误，在法律上给予行政相对人补偿是符合法治要求的，然而在利益衡量的视角中，被许可人虽然得到了补偿，但其对行政机关的信赖利益实际上是没有得到保障的，如果行政机关利用该条款撤销任何一个行政许可，被许可人似乎只有接受补偿的办法。

"程序不是次要的事。随着政府权力持续不断地急剧增长，只有依靠程序公正，权力才可能变得让人能容忍。"[1] 因此，行政许可的撤销制度，应当设计被许可人的权利救济机制，如建立异议反馈机制、听证程序等等。如此一来，既能确保行政机关权力的规范行使，又能保障被许可人的信赖利益。

---

[1]　[英] 威廉·韦德：《行政法》，徐炳译，中国大百科全书出版社 1997 年版，第 24 页。

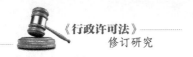
四、行政许可撤销的应然定位

行政许可撤销的应然定位是指，行政许可撤销究竟为何种法律性质以及其在实践与法律体系中发挥何种功能。只有在应然层面明确行政许可撤销的功能定位，才能更好地指导法律实践。

（一）行政许可撤销的性质界分

1. 撤销与吊销

行政处罚在本质上是一种行政惩罚措施，是通过对人身权、财产权、法律资格等施加负面影响，而对违反行政法规范的公民、法人或其他组织给予制裁。[①] 吊销是《行政处罚法》明确规定的行政处罚类型。《行政许可法》第 69 条规定："被许可人以欺骗、贿赂等不正当手段取得行政许可的，应当予以撤销。"从法条规定的情形，被许可人因违法行为被行政机关克减权利是典型的行政处罚的行为模型，但不能仅从行为模式的表现形式就判定撤销是一种行政处罚。

其一，《行政处罚法》并未明确规定"撤销"是行政处罚的种类之一，行政许可撤销制度广泛运用于行政许可领域，从数量上看行政许可撤销的适用情形并不比吊销少，法律没有明确行政许可撤销的行政处罚种类，说明从立法原义的角度来看，是将撤销排除在行政处罚种类之外的；其二，行政许可撤销和吊销的适用前提与最终效果并不相同。行政许可撤销的适用前提是行政许可本身合法有效，获得行政许可手段的不正当并没有影响行政许可的效力，行政机关通过撤销该许可，纠正的也不是行政许可的效力问题，而是获取行政许可手段不正当的问题。吊销恰恰相反，吊销行政许可的适用前提是行政许可本身具有违法性，因此通过吊销行政许可制裁

[①] 杨解君：《秩序·权力与法律控制——行政处罚法研究》，四川大学出版社 1995 年版，第 36—40 页。

被许可人的违法行为，二者针对被许可人违法的时间点是有明显区别的。有学者认为"特定案件中的'撤销许可'是否是行政处罚，应从'撤销许可'的原因、目的、法律效果等方面综合判断"[①]，具体问题具体分析是认识问题和解决问题的科学方法，但对于行政许可撤销这一问题，如果不能明确其与吊销的区别，将加剧"撤销"性质在理论和实践中的暧昧不清。

2. 撤销与撤回

行政行为撤销针对的是违法行政行为，即适用行政行为成立之时就具有违法情形。[②] 因此，行政许可撤销针对的是先前的违法行为，并且效力是向后发生影响的。《行政许可法》第 8 条的"行政许可所依据的法律、法规、规章修改或者废止，或者准予行政许可所依据的客观情况发生重大变化的，为了公共利益的需要，行政机关可以依法变更或者撤回已经生效的行政许可。由此给公民、法人或者其他组织造成财产损失的，行政机关应当依法给予补偿"和第 69 条规定的行政许可撤销条款充分体现了利益权衡原则。[③] 虽然行政许可的撤销和撤回都会对行政许可的法律效力造成影响，但是二者存在本质不同。

一方面，撤销与撤回适用的前提条件不同。"行政行为的撤回既非处罚也非纠错，更非行政行为效力的自然消亡，因此应遵循独自的原则和制度"[④]，行政许可的撤回的条件仅限于《行政许可法》规定的法定情形，其目的是满足公共利益的需要，针对的是合法有效的行政许可，并且该行政许可处于法律上的"完备"状态，即行政许可的获得、适用等程序均为合法有效。而行政许可撤销是行政机关的纠错行为，虽然同样针对合法有效的行政许可，但是该行政许可是因行政机关或被许可人的过错获得的，

① 蔺耀昌、胡炳超：《撤销行政许可的法律性质及效力研究》，《行政法学研究》2007 年第 4 期。

② 马怀德：《行政许可、登记行为违法的法律责任》，《法学》2001 年第 10 期。

③ 周佑勇：《行政许可法中的信赖保护原则》，《江海学刊》2005 年第 1 期。

④ 杨登峰：《论合法行政行为的撤回》，《政治与法律》2009 年第 4 期。

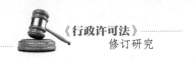
行政许可撤销是对该错误行为的纠正，即行政许可撤销针对的是获得行政许可的非法行为。

另一方面，撤销与撤回的法律后果不同。法律后果不同是指行政机关撤回和撤销行政许可后，针对被许可人的后续行为不同。根据《行政许可法》的相关规定，被撤回的行政许可"给公民、法人或者其他组织造成财产损失的，行政机关应当依法给予补偿"，而被撤销的行政许可，第69条规定，"依照本条第一款的规定撤销行政许可，被许可人的合法权益受到损害的，行政机关应当依法给予赔偿。依照本条第二款的规定撤销行政许可的，被许可人基于行政许可取得的利益不受保护"。行政补偿是指，"国家行政主体及其工作人员因其合法、正当的行政行为造成公民、法人或者其他组织权益损失，或者公民、法人和其他组织为社会公益、协助公务而使自身权益受到损失的，行政机关依法对其损失予以补偿的一种行政救济行为"①，而行政赔偿是指，行政机关的违法行为对行政相对人的损失填补②。因此，行政行为是否违法，是区别行政许可撤销和撤回的标准之一。

3. 撤销与注销

"根据《行政许可法》第70条第4项的规定，行政许可撤销决定是引发行政许可注销决定的法律事实之一，两者之间是一种因果关系。"③行政许可的注销，是指行政机关依法注明取消该行政许可，即行政许可法律效力终结后由行政机关办理的后续手续；与行政许可的撤销相比较，行政许可注销的事由不仅包括行政许可实施中的违法因素，还包括其他使得被许可人从事行政许可事项的生产经营等活动终止的情形，即只要被许可人终止从事行政许可事项的生产经营等活动，行政机关即对该项行政许可予以注销。④ 因此，行政许可注销是任何一个行政许可都要接受的行政行

---

① 周丽萍：《行政补偿法律研究》，《中共中央党校学报》，2005 年第 2 期。
② 蒋成旭：《何以"惩戒"行政违法：行政赔偿的功能、定位及其哲学基础》，《浙江大学学报》（人文社会科学版）2021 年第 5 期。
③ 袁钢：《撤销律师执业许可问题研究》，《行政法学研究》2018 年第 6 期。
④ 许安标等：《〈中华人民共和国行政许可法〉释义及实用指南》，中国民主法制出版社 2003 年版，第 291 页。

为，即发生行政许可法律效力丧失的情形时，注销是行政许可的最后一个环节，行政许可撤销针对的仅是行政机关对行政许可的纠错行为，从适用范围上二者存在区别。

（二）行政许可撤销的功能定位

根据以上分析，目前学界对行政许可撤销主要存在三种性质上的讨论。第一种观点认为，行政许可撤销是行政机关的纠错行为；第二种观点认为，行政许可撤销是行政机关对通过违法手段或因行政机关自身过错获取行政许可的行政处罚行为；第三种观点认为要根据不同情形、适用方式、法律后果等综合性的因素进行分析，行政许可撤销兼具行政纠错和行政处罚的性质。通过对于行政许可撤销性质的观点分析，厘清其与吊销、撤回、注销之间的区别，行政许可撤销是不同于行政许可吊销、撤回、注销的，其适用前提、法律后果等存在明显区别。应当将行政许可撤销作为纠错行为。行政许可被撤销后丧失法律效力，其根本原因在于获得行政许可的程序上存在瑕疵，撤销行政许可目的在于修正行政行为的瑕疵。

五、余论

明确行政许可撤销是行政机关的纠错机制，有利于行政许可撤销制度在行政许可领域的作用发挥。但行政许可撤销相关问题仍旧存在，需要得到重视和进一步解决。《行政许可法》第 69 条规定，根据行政机关的职权或利害相关人的申请两种方式，由许可机关或者上级机关启动行政许可撤销程序。行政许可撤销本质上是行政机关的纠错程序，上级机关启动程序体现出一种监督行为，这与行政许可撤销的"纠错程序"本质不相符。应当明确撤销的程序的启动主体，这样才会更有利于撤销回归本质。上级行政机关的监督作用应当体现为，将行政许可设立时依据的条件、行政机关工作人员或被许可人违法行为等作为线索，并将线索移交许可机关并由设定许可的行政机关启动撤销程序。

行政许可被行政机关撤销后即丧失法律效力，其对被许可人的权利义

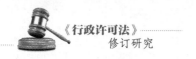

务会产生实质影响，应当通过程序手段给予被许可人相应的救济机制，如设置异议反馈机制和行政许可撤销听证制度。

异议反馈机制的最大作用是，在行政许可撤销前，听取被许可人的申辩和意见。在解释论视角中，行政机关以行政相对人违反相应法律法规或采取欺骗、贿赂等手段获取行政许可为理由，对该行政许可予以撤销，不能够忽视被许可人的权利保障。只有在证据充分的情况下，才能够实施撤销行为。

行政许可撤销听证制度。《行政许可法》第 69 条关于行政许可撤销条款的规定中，"可能对公共利益造成重大损害的，不予撤销"。设置行政许可撤销听证制度是衡量被许可人利益以及公共利益最行之有效的手段。一方面，听证制度使行政机关在更为广泛的范围内听取民众及被许可人的意见，另一方面，通过听证程序作出的结论将会实现公权与私权之间的平衡，使决策更具科学性与合理性。

第二节　行政许可注销制度的审视

注销行政许可是行政机关针对失去效力行政许可的事实行为，不是行政法律行为，不产生法律效力。虽然理论界和实践中对注销行政许可问题多有讨论，但是对注销行政许可的概念、性质功能莫衷一是。目前，我国理论界和实务界对行政许可注销、撤回、撤销和吊销的法律概念使用不严谨，缺乏统一的使用标准和界限。《行政许可法》第 70 条中虽然规定了行政许可注销的适用情形，但是由于具体条文规定的抽象性和纲领性，所以很多法律法规对注销行政许可的适用缺乏法律上的规范性表达，名为"注销"实为吊销或者撤销等混用情况屡见不鲜。因此，有必要对《行政许可法》第 70 条及相关法规中有关注销行政许可适用的情形进行梳理，分析其在实定法的法律规范背后发挥的功能，在此基础上分析理论界和实践中造成注销与撤回、撤销和吊销概念混用的原因。从而，在应然层面上明确注销行政许可的功能定位及强化与其他法律规范的有效衔接。

一、实定法对注销行政许可的规定与功能展示

行政许可法律制度是行政法重要的组成部分，也是行政机关社会管理的重要手段。注销是行政许可的重要过程之一，是行政许可全过程的最后一个环节。从实定法角度上看，不同行业关于注销行政许可的适用规定分见于包括《行政许可法》在内的多个单行法律法规及规范性文件之中，如《中华人民共和国道路交通安全法》《中华人民共和国药品管理法》《中华人民共和国烟草专卖法》等。除《行政许可法》第 70 条对注销适用情形做列举式的规定，其他单行法律对注销适用情形并没有详细规定，只列明在具体情形下对行政许可做注销处理。通过梳理分析各单行法律及行政法规中规定的注销适用情形，可归纳出如下六种情形：以不正当手段获得行政许可的①；行政许可被依法吊销、撤销和撤回的；被许可主体不合格或不存在的②；客观条件发生变化，不再符合许可的条件的③；被许可内容不存在的④；被许可期限届满的⑤。这六种注销行政许可的情形，与《行政许可法》中的规定既有相同又有区别，从法秩序的角度来说，《行政许可法》中关于注销的规定可以构成整个注销行政许可的基本规定，具有"基本法"性质，起到的是统领性作用。基于此，分析实定法注销行政许可的功能发挥应从《行政许可法》中规定的情形出发包含其他实体法相关

---

① 如《中华人民共和国律师法》第 9 条规定："有下列情形之一的，由省、自治区、直辖市人民政府司法行政部门撤销准予执业的决定，并注销被准予执业人员的律师执业证书：（一）申请人以欺诈、贿赂等不正当手段取得律师执业证书的"。

② 如《农业机械安全监督管理条例》第 22 条中规定："未满 18 周岁不得操作拖拉机、联合收割机。操作人员年满 70 周岁的，县级人民政府农业机械化主管部门应当注销其操作证件。"《有线电视管理暂行办法》第 12 条规定："已开办的有线电视台、有线电视站，因条件发生变化，不再继续开办的，应当在 1 个月内向审批机关报告，由审批机关注销"。

③ 如《医疗器械监督管理条例》第 66 条第 3 款规定："省级以上人民政府药品监督管理部门根据医疗器械不良事件监测、评估等情况，对已上市医疗器械开展再评价。再评价结果表明已上市医疗器械不能保证安全、有效的，应当注销医疗器械注册证或者取消备案。"

④ 如《化妆品注册备案管理办法》第 42 条规定："已经注册的产品不再生产或者进口的，注册人应当主动申请注销注册证。"

⑤ 如《中华人民共和国民法典》第 370 条规定："居住权期限届满或者居住权人死亡的，居住权消灭。居住权消灭的，应当及时办理注销登记。"

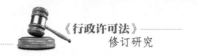

规定，由此分析实定法中注销发挥了怎样的功能。

（一）公示功能

《行政许可法》第 70 条第 1 款规定：行政许可期限届满未延续的，有关行政机关予以注销；《行政许可法》第 2 条规定：行政许可是行政机关根据公民、法人或者其他组织的申请，经依法审查，准予其从事特定活动的行为。由此可见，行政许可是典型的受益性行政行为，行政机关在做出行政许可时大多会设置一定的期限，期限届满前行政相对人可以向行政机关提出申请延续行政许可的有效期，行政机关考量具体情况是否准许续期的申请；若超过该期限，当事人未申请续期或者行政机关未批准相对人的续期申请，行政许可则自动失效，此时原行政许可丧失法律效力。此处注销是发挥的公示功能，法律为何会规定对丧失法律效力的行政许可注销，是由行政许可的先天性质决定的。行政许可是有限的社会资源，通过法律规定无效的行政许可注销，活跃了社会资源，满足了社会的知情权。行政许可的注销是行政许可的最后一个环节，通过对社会的公示，使相对人知悉行政许可本身的效力，更好地指引社会生活，而公示功能最大的意义在于将信息公告社会引起他人的注意，并产生公信力。[①] 这种公信力，在一定程度上，减少了交易的麻烦，提升社会生活的效率，也是政府对行政相对人知情权的保障。

另外《行政许可法》第 8 条、第 69 条和《行政处罚法》第 9 条的规定，被撤回、撤销和吊销的行政许可失效。"行政许可撤销是针对行政机关违法实施行政许可的一种纠错机制"[②]，撤销的目的在于纠正错误。行政许可的撤回是指在行政许可的实施过程中，作出行政许可的所依据的事实状态或者法律状态发生改变时，行政机关有权变更或者撤回行政许可。吊销作为行政处罚方式的一种，根据行政处罚的概念，则是一种减损当事人权益的惩戒性行为，所以该条款规定注销是在撤回、撤销和吊销行政许

① 梅夏英：《民法上公示制度的法律意义及其后果》，《法学家》2004 年第 2 期。
② 王太高：《行政许可撤销制度研究——以企业工商登记为例》，《法治研究》2012 年第 1 期。

可后，即行政许可失去效力后，行政机关的针对行政许可所作的后续行为。此种条件下，注销仍发挥了公示功能。

（二）行政确认功能

行政确认是指行政主体依法对行政相对人的法律地位、法律关系或有关法律事实进行甄别，给予确定、认定、证明（或证伪）并予以宣告的具体行政行为。在注销的适用规范中，不乏对行政许可效力的行政确认。例如，《行政许可法》第 70 条的第 2 款和第 5 款规定的行政机关对与涉及公民特定身份资格的行政许可，因该公民死亡或者丧失行为能力；或因不可抗力导致的行政许可事项无法实施，应依法办理有关行政许可的注销手续。在法律的层面上，这两种行政许可注销的情形都是具有法律效力的，因法定效力规定以外的原因，具有法律效力的行政许可，因主体或者外部情形导致的许可内容无法继续实施。

《中华人民共和国医师法》（以下简称《医师法》）第 17 条规定：医师注册后有死亡、受刑事处罚、被吊销医师执业证书等情形的，注销注册，废止医师执业证书。《出租汽车驾驶员从业资格管理规定》第 38 条规定：持证人死亡的、持证人达到法定退休年龄的；因身体健康等其他原因不宜继续从事出租汽车客运服务等原因的，由发证机关注销其从业资格证。从法律上看，特定资格的行政许可在公民死亡或者丧失行为能力后，形式上行政许可本身是有效的，但是因为特定资格需要相对人拥有相应的行为能力，所以行政许可的实施能力和效果因相对人能力的不具备而被迫暂停或终止，此时行政机关通过注销就是要解决行政许可形式有效与实际上的履行不能之间的矛盾。

（三）行政监督功能

为了更好地发挥行政许可的功用，行政监督机关大多采用行政注销的方式对正在有效实施的行政许可进行监督，一旦被发现行政许可在实施过程中偏离法治轨道或者行政许可的运行已经不能发挥其被许可之初的目的，行政机关即将该许可进行注销，其中不仅体现了注销的监督功能，同

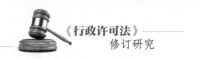
时也表现出了撤销和吊销的制度功能。例如，《中华人民共和国药品管理法（2019 修订）》第 78 条规定：对附条件批准的药品，药品上市许可持有人应当采取相应风险管理措施，并在规定期限内按照要求完成相关研究；逾期未按照要求完成研究或者不能证明其获益大于风险的，国务院药品监督管理部门应当依法处理，直至注销药品注册证书。值得一提的是，注销行政许可的监督功能和处罚功能既有联系又有区别：二者的联系之处在于行政监督功能的实现是通过行政处罚的方式实现的，二者的不同之处在于行政监督功能的发挥，更多的是出于经济效益、行政许可实施等其他方面的原因考虑，并不是单纯为了处罚而注销。

（四）行政处罚功能

行政处罚功能指的是注销行政许可是一种法律行为，并且作为行政许可的处罚手段存在。从这个角度来看，注销行政许可和吊销行政许可的性质比较相近。例如，《最高人民检察院关于指派、聘请有专门知识的人参与办案若干问题的规定（试行）》规定：因违反职业道德，被主管部门注销鉴定资格、撤销鉴定人登记，或者吊销其他执业资格、近三年以内被处以停止执业处罚的，不得作为有专门知识的人参与办案。通过对条文的解读，该规定中的注销和撤销的法条设计与三年以内的停止执业资格的行政处罚相并列，都是作为相对人违反职业道德的行政处罚而规定的。《中华人民共和国海域使用管理法》第 46 条、第 48 条规定，被许可人若不履行相关义务行政许可将被注销，所以注销行政许可在具体许可领域与吊销行政许可是存在功能混用的。

（五）风险调控与成本控制功能

《行政许可法》第 70 条第 5 款关于注销适用不可抗力情形的规定，本质上是对风险和成本的调控。《民法典》第 180 条规定：不可抗力是不能预见、不能避免且不能克服的客观情况。由于不可抗力事件的发生，行政许可事项的内容客观上履行不能，此时尚存在有效的行政许可。但是值得反思的是，若不可抗力消失后，行政许可本可继续履行，是否应当建立行政许可的中止或者恢复制度，减轻注销带来的负面影响，应该引起理论界和学术界的重视。

风险的调控主要指在特定的许可行业领域，行政机关通过评估或者监测等手段发现继续实施该行政许可会带来很大的风险，通过成本和收益对比的方式衡量需要调控的风险，进而控制整个行政许可实施或注销的成本。作为人类社会生活中不可分割的组成部分，交易成本在法律制度安排、解纷程序和人们的实际法律行为中起着重要作用，是解释法律制度的内在逻辑和演变过程的基本范畴。① 例如，《体外诊断试剂注册与备案管理办法》中规定，对附条件批准的体外诊断试剂，注册人逾期未按照要求完成研究或者不能证明其受益大于风险的，注册人应当及时申请办理医疗器械注册证注销手续，药品监督管理部门可以依法注销医疗器械注册证。

二、注销行政许功能混乱带来的问题

通过对行政许可领域实定法对注销的规定已经功能展示的分析，可见注销发挥的功能是多维度的，这在一定程度上保障了《行政许可法》关于注销制度适用的灵活性。但是多样的功能发挥没有系统性的规范会在实践中产生混淆，由此带来很多问题。尤其是《行政许可法》第 70 条的兜底条款规定的法律法规规定的应当注销行政许可的其他情形，也是注销的适用情形之一。根据法学理念和立法技术的惯例，该条款规定的"其他"情形应该是同质性列举，但是由于前项五项条款规定得过于概括与模糊，且这五项条款之间的内部联系也不够紧密，其他法律、法规等规范文件在使用"注销"一词时，并没有明确的、可供遵循的规范性适用准则。

---

① 交易成本是一个含义丰富的概念，广义上的交易成本常被比喻为经济世界中的摩擦力，用以指称全部社会"经济制度的运行费用"。具体包括协商谈判和履行协议所需的各种资源的使用，包括制定谈判策略所需信息的成本，谈判所花的时间，以及防止谈判各方欺骗行为的成本等。See Oliver Williamson, *Economic Institution of Capitalism*, The Free Press, sept19, 1985, 转引自冯玉军：《法经济学范式研究及其理论阐释》，《法制与社会发展》2004 年第 1 期。

（一）注销行政许可的主体不明确

《行政许可法》第 70 条并未明确地表明行政许可的注销机关，仅是用"行政机关"这一概括性名词表达，这就导致了很多法律、法规等规范性文件在设置注销条款时，关于注销主体规定的混乱、标准不一。根据不同的规定，有的规定审批机关（在法律文本中表达为审批机关或登记机关）行使注销权，有的规定监督机关行使注销权，也有的同《行政许可法》保持一致没有明确指出注销机关。行政机关是指依《宪法》或《行政组织法》的规定而设置的行使国家行政职能的国家机关[①]，行政机关的基本特征是权力、责任和以自己的名义作出行政行为。不同的行政机关如审批机关和监督机关行使行政许可注销权，由于不同机关的权力和职权范围的不同，做出行政行为的性质也很难一致。这也是导致注销在不同法律、法规和其他法律规范中不同性质、功能展现的原因之一。

（二）注销行政许可规定的效力不统一

从梳理现行实定法关于注销行政许可的规定情形来看，注销行政许可主要体现出了注销的性质在事实行为和法律行为之间摇摆不定。注销的事实行为性质是指规定注销对于行政许可来说是程序性行为，不对行政许可产生效力；而作为法律行为的注销则是行政许可失去效力的法定原因。"对于行政许可注销的性质我们的立法和实践均存在分歧"[②]，之所以产生注销性质的分歧最主要的原因就是立法上对注销规定的模棱两可，尤其是《行政许可法》第 70 条采用了"列举＋兜底"的方式规定了注销的适用情形，对于注销的性质问题避而不谈，这就导致了《行政许可法》作为行政许可领域中的"基本法"作用发挥不足，其他法律法规等规范性文件在涉及注销行政许可的规定时，往往失去了可遵循的依据。法律规定的不明确导致了法解释学上和实践解读中的分歧。法解释学立足于文本解释，以法

---

① 姜明安：《行政法与行政诉讼法》，北京大学出版社 2011 年第 5 版，第 91 页。
② 王太高：《论行政许可注销立法之完善》，《法学》2010 年第 9 期。

条为依据，由于不同法律规范关于注销规定的不同，很难通过法解释学的方法确定注销的法律性质，并导致注销事实行为和法律行为的分歧在实践中更加明显。实践中如果将注销视为一种法律行为，通过注销直接消灭行政许可的效力，便会使有关行政部门获得更多的执法手段。从效率和实用主义的角度来看，实务部门将更倾向于将注销看作一种法律行为。这就导致了实践中注销与撤销、撤回、吊销等法律概念的混淆和滥用。

（三）注销行政许可与相关概念的混用

行政许可撤回是指，法律、法规变化或者客观情况发生变化时，行政机关对行政许可采取变更或者撤回的行为。撤回背后的理论基础是人类认知的有限性、行政管理的公共利益性和公共负担平等化[①]。撤销是行政机关的纠错机制，"行政行为的撤销是行政行为效力消灭的主要形式之一。"[②]根据相对人获得行政许可是因行政相对人的过错还是行政机关的过错可以将行政机关的纠错分为两方面。行政许可的吊销，是对行政相对人的一种行政处罚，是对行政相对人一种减损权益的惩戒行为，吊销是《行政处罚法》法条明确确认的行政处罚的种类之一。

但是在实践中经常存在概念混用的现象，如《有线电视管理暂行办法（2018 修订）》第 12 条规定：已开办的有线电视台、有线电视站，因条件发生变化，不再继续开办的，应当在 1 个月内向审批机关报告，由审批机关注销。因条件发生变化，出于公共利益的考虑，行政机关此时应当予以撤回，而不是注销；《出租汽车驾驶员从业资格管理规定（2021 修正）》第 38 条第 4 款规定：持证人机动车驾驶证被注销或者被吊销的，由发证机关注销其资格。无论是从递进还是并列的关系来看注销和吊销，根据联系上下文的解释学分析，此处的注销和吊销都具有行政处罚的含义，如此规定不仅仅是注销和吊销性质和功能上的滥用，同时在法条的文本上也犯了基本的逻辑错误，因同一性行为犯错不可能适用两次注销，之所以出现

[①] 徐晓明：《行政许可撤回条件适用研究》，《政治与法律》2011 年第 9 期。
[②] 王青斌：《行政撤销权的理论证成及其法律规制》，《法学》2021 年第 10 期。

这样的错误，是立法者在立法的时候就没有将注销的性质同其他行为的性质区分开来。

三、注销行政许可的功能回归与厘正

为了限制行政许可注销的功能混淆及实践乱用和滥用，应当说有必要为其设置适当的法制限度，规范和厘正注销制度的功能。若在注销前，行政许可是具有法律效力的，注销后则失去效力，则注销从性质上来讲同撤回、撤销和吊销没有任何区别，这将失去注销适用的独立法律空间。在分析注销行政许可应然具备的功能基础之上，分析注销与撤销、撤回等相关概念的区别就成为应有之义。

（一）注销行政许可制度的功能回归

1. 公示功能

公示是增强法律适用性和增加法律可预期性的最有效的方式之一。公示功能是指通过注销，行政机关使行政许可的相关信息被相对人及公众知晓，保障了行政许可信息的完整性和社会大众的知情权。当今社会是信息化的社会，掌握了信息就如同掌握了资源，所以在保障行政相对人权利的基础之上赋予注销公示功能，体现了行政法调整行政法律关系实现公共管理目的，是行政法信赖保护原则和公众参与原则的应有之义。信赖保护原则要求非经法定事由，行政机关不得随意撤销、废止或改变已生效的行政行为，"旨在限制和取消行政机关任意变更和撤销（撤回、废止）已经生效的行政行为的权力"。[①] 因此，在永远无法获得绝对充实的信息的情况下，个人对于客观事物的判断永远只能是相对的，只能是一个反复试错与不断纠正的过程。人的认识能力的有限性决定了政府认知能力的有限

---

① 冯军：《论〈行政许可法〉的立法价值》，《法制经纬》2004 年第 16 期。

性。① 注销制度通过发挥公示功能，将行政许可的效力内容公布出来，不仅仅保护了行政相对人对行政机关可期待的利益，同时也保证了信息在社会生活中的有效传递。"行政行为的失效既包括行政行为形式效力的丧失，也包括行政行为实质效力的丧失。"② 公示功能的内涵是将已发生的情况以一定的方式让公众知晓。因为在正常的行政许可证书上是没有关于行政许可效力本身的记载的。所以有必要将行政许可本身的效力情况向社会予以公布。"行政行为是行政主体对公共利益的集合、维护和分配行为。公共利益是个人利益的集合，是社会成员的共同利益，尽管公共利益的代表者是行政主体，但对公共利益的集合、维护和分配，不能不予以密切关注，不能不表示自己的意见、要求和愿望"。③ 这就要求行政机关在作出行政行为时应及时公布相关信息，供行政相对人知晓，以便其及时对行政行为作出反应，使合理诉求和愿望得到尊重和保护。同时，个人利益的最大化也是公共利益得以保障的重要方式之一。

2. 行政确认功能

行政许可的注销发挥确认功能，主要是确认行政许可退出与确认行政相对人以及行政相关人的权利与义务。但是行政确认功能的发挥不是注销行政许可唯一的行为，根据行政许可撤回情形的规定，行政机关应当首先撤回行政许可，之后转而注销行政许可。"行政许可制度在社会生活中的作用及主要的法律价值，更主要的在于确认和保护主体在该制度范围内的权利要求和权力行为。"④ 例如，《出租汽车驾驶员从业资格管理规定》第38条规定："出租汽车驾驶员有下列情形之一的，由发证机关注销其从业资格证。从业资格证被注销的，应当及时收回；无法收回的，由发证机关公告作废。（一）持证人死亡的；（二）持证人申请注销的；（三）持证人

---

① 占美柏：《有限政府之合法性论说》，《暨南学报（人文科学与社会科学版）》2005 年第 3 期。
② 章志远：《行政行为效力论》，博士学位论文，苏州大学，2002 年，第 95~96 页。
③ 叶必丰：《行政法的人文精神》，北京大学出版社 2005 年版，第 158 页。
④ 罗文燕：《行政许可制度研究》，中国人民公安大学出版社 2003 年版，第 36 页。

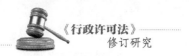

达到法定退休年龄的；（四）持证人机动车驾驶证被注销或者被吊销的；（五）因身体健康等其他原因不宜继续从事出租汽车客运服务的。"行政许可通过注销制度明确行政相对人及行政相关人的权利和义务，确保公民的权利和义务得到法律上的保障。从社会公益的角度来说，行政许可应该具有确认功能，且行政确认不产生法律效果，需要与撤回行政许可共同发挥作用。注销是完成行政许可的最后环节，也是行政相对人退出行政许可的法律方式和法律保障。行政许可的退出机制完整地披露了行政许可的"注册"和"注销"信息；保障行政许可的"形式效力"与"实质内容"的统一；实现了行政许可与利害关系人保护的统一。①

3. 行政监督功能

"由于《行政许可法》注销条款的暧昧不清，行政许可实践中的相关规范也在'程序说'和'实体说'之间摇摆不定"。② 行政许可的注销，实现了行政许可信息的有效传递，行政许可作为一种事前监督管理方式，控制风险是其最主要、最基本的功能。③ 注销通过与撤销、撤回和吊销制度之间的衔接和配合，实现了社会秩序之间的平衡稳定。注销的平衡功能分为内部平衡和外部平衡。内部平衡指的是在不同行政许可之间的平衡，外部平衡指的是行政许可与相对人之间的平衡。内部平衡功能即在不同行政许可之间的平衡，更明显的是体现在由数量限制的许可（包括特别许可），从这个角度来说行政许可的注销起到秩序价值的作用。外部平衡功能是行政许可方同公民之间的秩序平衡。市场失灵要求行政许可发挥制度监督功能。行政许可制度本身就是"行政机关直接干预市场配置机制或者间接改变企业和消费者的供需决策的一般规制或者特殊行为"。④ 规制的本质，是通过制定公共政策或者法律制度维护公共利益。防止私人行为对公共利益及社会利益进行侵犯，防止权力滥用，对于行政许可注销等制度

---

① 赵风、李放：《社会公益组织退出机制研究》，《江海学刊》2016 年第 3 期。
② 冯军：《论〈行政许可法〉的立法价值》，《法制经纬》2004 年第 16 期。
③ 徐晓明：《行政许可退出机制理论问题探究》，《浙江学刊》2013 年第 3 期。
④ 刘素英：《行政许可的性质与功能分析》，《现代法学》2009 年第 5 期。

而言，其目的就在于及时发现，矫正市场失灵。① 注销制度就是发挥了市场监督的作用，只是注销并不是单独发挥监督功能，而是与其他法律制度共同作用。

4. 行政许可退出功能

行政许可的"退出"是行政许可制度重要的内容，"市场主体退出是指市场主体由于特定原因退出市场，是市场竞争机制和行政监管的必然结果。市场主体参与市场经营活动要依法'入市'，也要依法'退市'。"② 注销功能发挥使市场主体退出更顺畅，促进市场新陈代谢。目前针对行政许可退出的机制主要是撤回、撤销和吊销，但是这三种制度主要集中于行政机关的主动作为，在行政许可实施的过程中出现法律规定的情形时启动程序。而注销发挥的行政许可退出功能不仅仅针对行政机关的主动作为，更加强调的是当事人的已申请注销情形。当事人意欲退出行政许可，向原行政许可机关申请即可完成注销，此时并没有涉及撤回、撤销和吊销的适用情形，注销因此得以独立适用。

（二）注销行政许可与相关概念关系的厘正

"法治的核心是规则之治，法治提供的是一种稳定的预期，法治对行政审批制度改革而言是为行政权力的设定和行使规定清晰的边界"③，这种清晰的边界对行政许可注销制度来讲就是其在行政许可制度中的独特法律适用空间。对于这种边界的划定，主要是以区分注销以及撤回、撤销和吊销之间的概念和性质为基础的。

---

① 汪燕：《行政许可制度对国家治理现代化的回应》，《法学评论》2020 年第 4 期。
② 杨学红：《市场主体简易注销实践》，《中国工商报》2018 年 11 月 1 日第 007 版。
③ 刘剑明、胡悦：《行政审批制度改革法治化的路径选择》，《东北师大学报（哲学社会科学版）》2015 年第 1 期。

1. 注销与撤回

《行政许可法》第 8 条规定：行政许可所依据的法律、法规、规章修改或者废止，或者准予行政许可所依据的客观情况发生重大变化的，为了公共利益的需要，行政机关可以依法变更或者撤回已经生效的行政许可。由此给公民、法人或者其他组织造成财产损失的，行政机关应当依法给予补偿。"认知的有限性是行政许可撤回制度存在之主观认识基础，公共利益是行政许可撤回制度之价值基础，公共负担平等化是行政许可补偿制度存在之法理基础。"[1] 从制度存在基础的角度来分析，注销与撤回最大的区别就是撤回与注销的理论背景和适用条件的不同，撤回的行使是因为行政许可外部环境的客观变化，为了维护公共利益的需要进行的，与行政许可本身无关。从被撤回的行政许可效力上来看，行政许可是自被撤回后始失去效力，也就是说撤回的效力是使行政许可向后失去效力。而对注销的行政许可来说，《行政许可法》第 70 条、国家能源局关于印发《承装（修、试）电力设施许可证注销管理办法》《城镇燃气管理条例（2016 修订）》等法律法规的规定已经确定注销是撤回的下行程序行为，已撤回的行政许可需要行政机关依职权行使注销，所以在此情况下注销的行为并不涉及行政许可的效力性认定问题，注销是将因撤回而失去效力的行政许可，通过发挥其公示的功能对社会及其他公民产生较好的社会可期待性。

2. 注销与撤销

《行政许可法》第 69 条规定：行政许可机关及其上级行政机关因行政相对人或者行政机关在获取行政许可时有违法行为，可依法撤销行政许可。《行政许可法》规定的撤销情形，体现了撤销的功能定位主要是行政机关的纠错行为。"撤销行政许可是行政机关纠正错误违法行为的一种行政处理措施，不是行政处罚。"[2] 纠错功能的意义在于，通过撤销因"先

---

① 徐晓明：《行政许可可撤回条件适用问题研究——A 公司与 B 城市规划局撤回规划许可纠纷案引发的思考》，《政治与法律》2011 年第 9 期。

② 张兴祥：《中国行政许可法的理论和实务》，北京大学出版社 2003 年版，第 253 页。

天不足"而获得的行政许可，可以实现保障公共利益和维护个人利益的功能。被撤销的行政许可自始无效，而撤回后的行政许可自被撤回时失去效力，撤销与撤回后行政许可的效力是有根本性的区别的。相较于撤销制度，注销的监督功能体现的并不是纠错行为，而是在行政许可实施过程中的监督。但是注销在发挥行政监督功能时应当注意，不应当直接注销，而是通过行政许可的获得不法或者实施不法给予撤回之后予以注销，并配合注销发挥的公示功能向社会予以公告。

3. 注销与吊销

吊销是《行政处罚法》第 9 条明确规定的行政处罚类型，是以减损相对人权益具有惩戒性的行为。法律责任作为运行的保障机制，是法治不可缺少的环节。[①] 在现行的实定法律规范梳理中，注销也具有处罚功能。例如，《最高人民检察院关于指派、聘请有专门知识的人参与办案若干问题的规定（试行）》中规定：因违反职业道德，被主管部门注销鉴定资格、撤销鉴定人登记，或者吊销其他执业资格、近三年以内被处以停止执业处罚的，不得作为有专门知识的人参与办案。在该办法的规定中注销制度是作为行政处罚的性质发挥的作用。《行政处罚法》采取了"列举式＋兜底式"的方式列明了行政处罚的种类，并且只有法律和行政法规才可以另行规定没有列举其中的行政种类。所以，现行行政许可注销制度多元功能的背景下，大量的地方性法规、部门规章等规定的注销具有处罚功能，是不合适的，这当然需要作为行政许可制度"母法"的《行政许可法》进一步明确予以确定。

四、适用注销行政许可新功能的《行政许可法》修改

注销的功能发挥离不开制度保障。根据注销的功能特点有必要调整现行的注销制度构建，《行政许可法》第 70 条关于注销的规定，一定程度上

---

① 张文显：《法哲学范畴研究》，中国政法大学出版社 2001 年版，第 116 页。

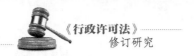

为行政机关行使注销权提供了有力的法律保障，但是由于其规定过于概括，使得在具体情形中，注销与撤回、撤销与吊销之间发生混用，注销适用的法律空间也随之变成虚无状态。为了克服理论和实践上的偏颇和流弊，有必要构建注销适用的法律制度，厘清注销与撤回、撤销和吊销之间的区别和联系，发挥注销在行政许可中独特且独立的功能。

（一）《行政许可法》规定注销行政许可的基本规则

1. 合法性规则

合法性规则是指行政机关在注销行政许可时应当严格遵守相关法律的规定，不得违反法律的规定。其性质与行政法的"法律优先"原则相适应，具有法律优先原则的精神内核，"法律优先原则是指行政机关应当受现行的法律的约束，不得采取任何违反法律的措施"①。合法性规则一方面要求行政机关严格按照法律行为，不得以任何方式改变、废止或以其他行为变相改变法律的规定；另一方面强调应发挥规范性、统一性等作用。

行政机关依据法律的规定行为，要求注销行政许可严格依据《行政许可法》或其他法律法规的规定，尤其是《行政许可法》作为行政许可领域的"基本法"，统领着其他法律法规关于注销的规定，这也是行政法治原则的精神体现。行政法治原则要求行政机关的行政行为必须有法律依据、行政行为必须符合法律的要求、行政机关必须以自己的积极行为来保证法律的实施。②合法性原则的另一要求法律的规范性和统一性，注销行政许可在实践中的功能混淆等问题主要是由于立法上的不统一。《行政许可法》第70条关于注销规定的情形有一定的概括性和模糊性，导致各方行政主体在注销实践中没有明确统一的规范参照。有必要完善《行政许可法》关于注销条款的规定，并发挥其在注销领域的统领性作用，统领性作用的发挥依靠两个方面：一是立法条文的形式统一，二是法律效果的实质统一。

---

① ［德］哈特穆特·毛雷尔：《行政法学总论》，高家伟译，法律出版社 2000 年版，第103 页。

② 周佑勇：《行政法基本原则研究》，法律出版社 2019 年第 2 版，第 27~30 页。

2. 程序性规则

"行政许可注销程序的立法缺失直接导致了行政许可注销在实践中的不规范，同时造成了行政许可退出的无序状态，这非常有害于行政许可的规范化要求。"① 行政许可注销制度的完善就理所应当要求完善注销的适用程序，使得注销的行使更加具有规范性和法律遵循。注销行政许可的程序性规则的主要内容包括注销主体、注销程序的启动和注销异议的处理。

首先，注销主体是指行使注销权的行政机关。科学性、合理性的立法如果得不到很好的施行便形同虚设。目前的实定法中，可以行使注销的机关的法条表述有两种：一种是没有明确所指的行政机关，另外一种是登记管理机关、原审批机关、监督管理部门、发证机关和做出决定的机关等。目前的多维注销主体就导致了注销功能的混乱庞杂。注销主体的确定有利于保障注销功能的发挥，注销不具有行政处罚的功能且在发挥行政监督功能时，是需要与行政许可的撤回、撤销和吊销制度配合的，是其下位程序。所以不应当由行政许可的监督机关行使注销权，注销体现的事实价值理应由原行政许可机关行使，至于现行法律中的审批机关、登记机关和许可机关的表述则是由作为行政许可领域的"基本法"的《行政许可法》立法条文的不统一以及统领性作用发挥不足，不能够为其他法律提供明确的参照所致，不同的表述在内涵上都是表达原许可机关之意。

其次，注销程序的启动应当分流为依职权注销和依申请注销。依职权注销是指发生了注销的法定情形，注销不影响行政许可的效力，如行政许可被撤回、撤销和吊销的，行政许可期限届满未延续等情形。依申请注销则是指在注销发挥行政确认功能时，对行政许可的效力的法律影响，如相对人意愿主动退出行政许可、赋予公民特定资格的行政许可，该公民死亡或者丧失行为能力的、因不可抗力导致行政许可事项无法实施的，虽然实质上该行政许可内容无法继续行使，但是在形式上该行政许可是一个有效的行政许可，注销是发挥其行政确认功能，确认其无效。法律设定依申请

① 徐晓明：《建构行政许可注销程序设想》，《理论与探索》2008 年第 1 期。

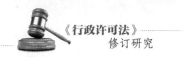

注销的目的就是在于增强注销的灵活性，社会生活的千变万化致使行政机关很难掌握社会上的很多具体信息，依申请注销的设立很好地弥补了行政机关的信息不充分。而且依申请注销也是相对人"退出"行政许可的应有权利。

最后，并不是任何情况下都有必要赋予行政相对人（被许可人）注销异议权的。当行政许可撤销主要发挥行政确认功能时，原许可机关的注销行为实际上产生了法律效力，使得行政许可丧失法律效力，这时确有必要赋予相对人异议权。当行政许可撤销发挥公示功能、行政监督功能时，注销对行政许可本身并未产生法律上的效力或者退出是因相对人主动申请而为之。所以在此类事实行为的注销中，赋予行政相对人对注销的异议权是没有意义和必要的。赋予公民特定资格的行政许可，该公民死亡或者丧失行为能力的、因不可抗力导致行政许可事项无法实施的，在撤销该行政许可时应当赋予相对人异议权。公民丧失行为能力但存在行为能力恢复的可能，或者丧失的行为能力与特定资格的行政许可实施无关，抑或不可抗力事件的发生虽不可控，但是不可抗力事件的影响力是逐渐消退的，这样许可机关在注销行政许可时就应当考虑是否有必要设置行政许可"中止"或"暂停"的效力，是否向社会宣告该行政许可效力"待定"。设置"中止""暂停"或"效力待定"后，在客观因素或者影响行政许可内容发挥作用的因素消除时，行政许可的内容便可以继续发挥作用，这样既避免了行政相对人二次申请行政许可的重复行为，也提升了行政机关的管理质效。

3. 效率性规则

效率性规则主要指行政机关在注销行政许可时，不仅要考虑合法性、程序性等要求，同时要体现行政效率。效率原则是行政法的基本原则之一，且因行政管理活动的复杂多样，更要求其提高行政效率。[①] 行政许可制度是营商环境优化的产物。行政许可作为受益性行为，其发挥作用的机制就是相对人申请许可，在许可的范围内实施活动。同行政许可的进入一

---

① 徐继敏：《行政裁决证据规则初探》，《河北法学》2006 年第 4 期。

样，行政许可的退出同样重要。提升行政许可退出效率不仅是优化营商环境的重要方式，也是提升行政效率的基本途径之一。"市场经济运行的铁律为营造公平竞争环境、实现优胜劣汰去产能，这就要求建立健全'名存实亡'的市场主体退出机制。""我国个体工商户注销退出通道并不顺畅，在基层试点的依职权注销制度缺乏上位法支撑，不利于登记管理秩序的维护、闲置资源的释放和创业创新空间的拓宽。"① 注销行政许可应当遵循效率性规则，一方面要求提升进入行政许可的效率，另一方面要求提高退出行政许可的效率。

4. 信赖保护规则

信赖保护规则，"是诚信原则在行政法中的运用"②。信赖保护规则要求行政机关在注销行政许可时，要以相对人的知情权形成的信赖为基础，不能够随意注销，这也是行政机关在行政许可领域中保持的公平、公正立场。"实际上，自然公正原则防止行政机关的专横行为，可以维持公民对行政机关的信任和良好关系。"③ 信赖保护原则要求行政机关在注销行政许可时遵守合法性原则、程序性原则及效率性原则。注销行政许可的合法性规则是统领、程序性规则是基础、效率性规则是保障，而信赖保护规则贯穿于各个规则之中。信赖保护规则也要求注销行政许可增强法律的统一性和可使用性，避免因为法律规范的不明和统领性发挥不足降低相对人的可期待性。

（二）《行政许可法》关于注销条款的规定

综上所述，《行政许可法》第 70 条的修改建议如下：

注销行为针对失去效力的行政许可。有下列情形之一的，许可机关应当依法办理有关行政许可的注销手续，或经其他机关办理注销手续的，应

---

① 张钦昱、周钰莹：《个体工商户依职权注销制度之域外考察与本土借鉴》，《中国市场监管研究》2018 年第 5 期。

② 周佑勇：《行政法基本原则研究》，法律出版社 2019 年第 2 版，第 201 页。

③ 王名扬：《英国行政法》，中国政法大学出版社 1987 年版，第 152 页。

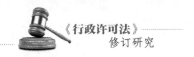
及时向许可机关报备；被许可人对注销有异议的，可以向行政机关提出异议并说明理由；异议成立的，暂停注销；异议不成立的，驳回其意见。

（1）行政许可有效期届满未延续的；

（2）行政许可依法被撤销、撤回，或者行政许可证件依法被吊销的；

（3）法律法规规定的应当注销行政许可的其他情形。

第三节　行政许可监督的新形态——信用监管

2014年我国发布了《社会信用体系建设规划纲要（2014—2020）》（国发〔2014〕21号，以下简称《规划纲要》），并在此后的改革中将信用监管作为"放管服"改革和优化营商环境的重要举措，此后信用建设开始步入发展快车道。在当前数字政府的建设浪潮中，随着数字经济与大数据技术的发展运用，信用监管也成为行政许可法修改中不可忽略的一环。

一、信用监管的历史与演进

《规划纲要》将社会信用体系定位为社会主义市场经济体制和社会治理体制的重要组成部分，是完善社会主义市场经济体制、加强和创新社会治理的重要手段。信用监管作为社会信用体系建设中的最重要一环，在"放管服"改革和优化营商环境中大放异彩。近年来，信用监管已成为我国深化"放管服"改革和优化营商环境的重要支撑，而"放管服"改革和优化营商环境的实践也为信用监管提供了实践生长空间。

根据党的十八大提出的"加强政务诚信、商务诚信、社会诚信和司法公信建设"的社会信用体系建设方向，我国逐步探索建立了以信用为基础的新型监管机制。目前我国信用监管的发展与演进历程大致可以分为以下四个阶段。[1]

---

[1]　韩家平：《信用监管的演进、界定、主要挑战及政策建议》，《征信》2021年第5期。

一是探索阶段（2015—2017年）。随着《规划纲要》的不断实践，信用监管开始在简政放权、放宽市场准入、加强事中事后监管等领域中发挥作用。2015年，《国务院办公厅关于运用大数据加强对市场主体服务和监管的若干意见》（国办发〔2015〕51号）要求，"以社会信用体系建设和政府信息公开、数据开放为抓手，充分运用大数据、云计算等现代信息技术，提高政府服务水平，加强事中事后监管，维护市场正常秩序，促进市场公平竞争，释放市场主体活力，进一步优化发展环境"。2016年，《国务院关于建立完善守信联合激励和失信联合惩戒制度 加快推进社会诚信建设的指导意见》（国发〔2016〕33号）指出，"构建政府、社会共同参与的跨地区、跨部门、跨领域的守信联合激励和失信联合惩戒机制，促进市场主体依法诚信经营，维护市场正常秩序，营造诚信社会环境"。此标志着失信联合惩戒机制开始正式建立。

二是发展阶段（2018—2019年）。2018年，全国深化"放管服"改革、转变政府职能电视电话会议进一步要求，"五年内，要健全以'双随机、一公开'监管为基本手段、以重点监管为补充、以信用监管为基础的新型监管机制"。2019年《政府工作报告》提出，推进"双随机、一公开"跨部门联合监管，推行信用监管和"互联网＋监管"改革。这是"信用监督"首次被写入政府工作报告。2019年7月，《国务院办公厅关于加快推进社会信用体系建设构建以信用为基础的新型监管机制的指导意见》（国办发〔2019〕35号）明确指出以信用为基础，创新事前信用监管、加强事中信用监管、完善事后信用监管，并对信用监管的地位、作用和要求进行了更加精准的描述。此标志着我国社会信用体系建设完成了顶层设计。

三是规范阶段（2020—2022年）。2020年5月，《中共中央 国务院关于新时代加快完善社会主义市场经济体制的意见》提出"构建适应高质量发展要求的社会信用体系和新型监管机制……健全以'双随机、一公开'监管为基本手段、以重点监管为补充、以信用监管为基础的新型监管机制"。2020年12月，《国务院办公厅关于进一步完善失信约束制度构建诚信建设长效机制的指导意见》（国办发〔2020〕49号），按照信用信息

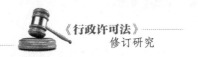
的产生、运用流程建立起长效机制。这标志着信用监管进入了全流程、全链条的规范阶段。

四是法治化阶段（2022 年底至今）。2022 年 11 月，《中华人民共和国社会信用体系建设法》草案正式面向社会征求意见，按照党的十八大确立的政务诚信、商务诚信、社会诚信、司法公信体系结构，明确了社会信用体系的建设方向。另外，在数字政府建设浪潮中，大数据与人工智能也在不断促进信用监管的发展。目前人工智能融合大数据、物联网技术，已然在信用信息的共享与挖掘、信用脸谱的描摹、信用风险的预测、信用监管执行的监控及联合奖惩的实施等多个环节彰显功用。①

整体上看，现阶段的信用监管与我国商事制度改革呈现出一种互相映射、互相辉映的关系。信用是建立良好商业环境的基础，我国正在积极探索将信用建设与深化"放管服"改革、优化营商环境紧密结合的实践工作，以构建以信用为基础的新型监管机制。《法治政府建设实施纲要（2021—2025 年）》再次纲领性、统摄性地指出："健全以'双随机、一公开'监管和'互联网＋监管'为基本手段、以重点监管为补充、以信用监管为基础的新型监管机制，推进线上线下一体化监管，完善与创新创造相适应的包容审慎监管方式。"尽管信用监管与行政许可改革是并行的两个改革方向，但二者都旨在共同推动"放管服"改革和优化营商环境。

二、信用监管与行政许可改革的关系

信用监管是对传统监管方式的一种补充，其特点是加强事中事后监管、多部门配合的协同监管，赋予市场主体更多信任，是一种审慎、包容的有限监管。信用监管具有如下主要特征：（1）监管主体的公权性，即信用监管是行政机关或法律、法规授权的具有公共管理职能的组织所实施的行为；（2）监管行为的外部性，即信用监管是对行政主体以外的行政相对

---

① 贺译葶：《人工智能在信用监管中应用的法律风险及其应对》，《甘肃社会科学》2022 年第 4 期。

人所实施的行为，公民、法人或者其他组织等均得以成为信用监管的规制对象；（3）监管信息的公共性，即信用监管离不开对公共信用信息的记录、归集和使用；（4）监管措施的适当性，即行政主体需要合理划分失信与守信的界限，通过相关信息的综合价值判断对相对人信用进行评价、评级、分类，并以此为依据分别采取激励或惩戒的监管措施。[1]

而行政许可是事前监管的重要方式，二者各自的范围和重点虽然有所不同，但是它们之间存在密切的联系。这种联系主要体现在以下几个方面：

首先，信用监管可以作为行政许可的前提条件。在行政许可实施前，可以对申请人的信用状况进行信用评估。如果信用状况良好，可以简化行政许可审批程序或者免除一些烦琐的审批环节，从而提高行政效能。这种前置信用监管方式不仅可以降低行政许可的风险，而且也可以更好地保障行政许可的公平性和透明度。

其次，信用监管可以作为行政许可的后续监管手段。在行政许可实施后，可以通过对企业、个人的信用状况进行监管，及时发现和处理违法违规行为，保障市场秩序的正常运行。这种后续信用监管方式不仅可以更好地保障行政许可的执行效果，而且也可以提高市场主体的自律意识和守法意识。

再次，行政许可改革可以促进信用监管的发展。简化审批程序、优化服务，可以提高行政效能，减少审批环节，降低企业和个人的成本。这种改革措施可以促进市场主体更好地遵守相关法律法规和规章制度，从而促进市场主体的信用建设和信用监管的发展。构建社会诚信体系是一个庞大的系统工程，它涉及多个领域，如商业、金融、法律、行政许可等。在这些领域中，信用监管和行政许可改革都扮演着重要的角色。通过将信用监管和行政许可改革有机结合，可以建立健全的社会诚信体系，使整个社会更加和谐、稳定和有序。

最后，信用监管和行政许可共同促进市场经济的健康发展。市场经济

---

① 袁文瀚：《信用监管的行政法解读》，《行政法学研究》2019 年第 1 期。

是一种自由经济，但这种自由并不等于无序。信用监管和行政许可改革可以在保障市场主体自由的同时，规范市场行为，维护市场秩序，从而促进市场经济的健康发展。例如，通过建立企业信用信息公示制度，可以更好地保护消费者权益，促进企业诚信经营；通过简化审批程序，可以降低企业的成本，提高企业的竞争力，从而推动整个行业的健康发展。

2020 年 9 月 21 日，《国务院关于取消和下放一批行政许可事项的决定》（国发〔2020〕13 号）共取消 29 项行政许可事项，下放 4 项行政许可事项的审批层级。在取消的 29 项行政许可事项中，"外商投资经营电信业务审定意见书核发""通航建筑物设计文件和施工方案审批""乡村兽医登记许可"等 16 项都提出"依法实施信用监管"；在下放的 4 项行政许可事项中，3 项都提出了需要加强信用监管。因此，信用监管与行政许可改革相互促进、相互依存，共同形成共治局面。通过信用监管可以提高行政许可的效能和公平性，减少行政许可事项；而行政许可改革也可以促进信用监管的发展和完善。

三、信用监管对行政许可的介入

作为一种创新的监管机制，信用监管强调利用信用信息来评估市场主体的违法风险，并采取有针对性的监管措施来预防和控制风险。常见信用监管的行政行为主要包括信息归集、信用评估、信息公开披露、分级分类监管、守信激励与失信惩戒等基本形态。这些诸多信用监管措施之中，告知承诺制、信用分级分类监管、失信联合惩戒备受探讨，其中告知承诺制作为纯粹行政许可领域的创新制度，值得被深入讨论。

首先，告知承诺制，即证明事项告知承诺制，是指公民、法人和其他组织在向行政机关申请办理行政事项时，行政机关以书面形式（含电子文本，下同）将证明义务、证明内容以及不实承诺的法律责任一次性告知申请人，申请人书面承诺已经符合告知的相关要求并愿意承担不实承诺的法律责任，行政机关不再索要有关证明并依据书面承诺办理相关行政事项的工作机制。① 严格来说，告知承诺并非规范意义上由行政许可法所确立的制度，而是各地方政府根据实际需要先行先试、不断完善所创设的变通性规定。近些年，由于各地优化营商环境不断发力，告知承诺也逐渐成为优化营商环境中的必备选项，并被吸纳入《优化营商环境条例》《中华人民共和国外商投资法实施条例》与《消防法》之中。尽管当前告知承诺制已在行政管理的各个领域广泛推行，但在制度起点的行政许可领域，告知承诺制还需要《行政许可法》予以"正名"。

其次，信用分级分类监管，也称信用评估，即根据不同企业的不同信用状况实施差别化监管措施。为了最大限度地减少对信用状况良好、风险较低的市场主体正常经营活动的影响，应合理降低抽查比例和频次。对于信用状况一般的市场主体，应执行常规的抽查比例和频次。而对于存在失信行为、风险较高的市场主体，则应提高抽查比例和监管频次。这样的做法旨在实现"守信者降低成本，失信者付出代价"的目标，对守法诚信的企业不会造成不必要的干扰，而违法失信的企业则会面临严厉的监管措施。这种方式既能降低守法诚信企业的监管成本，也能减轻政府的行政负担。因此，企业如果想降低自身的监管成本，减轻监管压力，就必须积极努力改善自身的信用状况。

为推行信用分级分类监管，需加大信用评价制度的建设。随着大数据技术的迅速发展和信用服务机构的快速壮大，当前已能够及时、全面地对企业进行信用评价，以支持分级分类监管。一般针对企业信用评价的程序可以包括以下步骤：确定参评对象、收集整理企业信用状况信息、根据评价标准确定企业信用等级、公示企业初评结果、异议复核、确定评价结果、发布评价结果、信用评价动态管理等，但当前信用评价制度仍存在着公众参与缺失、程序设计不够周密等问题。

最后，失信联合惩戒，是以公共信用信息平台为基础，对违法失信行为人实施跨部门、多领域、多措施的惩戒制度。失信联合惩戒具有督促失

① 《国务院办公厅关于全面推行证明事项和涉企经营许可事项告知承诺制的指导意见》（国办发〔2020〕42号）。

信主体尽快纠正失信行为、增强公民诚信意识以及营造良好的社会诚信氛围等功能，是构建完备的社会信用体系及完善行政许可立法无可或缺的一项法律制度。失信联合惩戒实际上是以强化法律实施为目标，将信用纳入考量因素，对现有治理工具优化，并非针对失信设定新的处罚类型，而现代社会信用体系建设，为信用数据归集与监管自动化目标的达成增添了可能性，对有违法记录者加重制裁，可以"创造不违法的额外激励"与"使社会能利用行为人危险性及其受到制裁的信息"。① 与传统的行政制裁手段相比，失信联合惩戒具有更长久的作用时间和更广泛的范围，展现出法律效果的延展性，将对当事人未来一段时间内的权益、机会、资格造成贬损。

四、行政许可领域的信用监管措施——告知承诺制

早在 2001 年，上海浦东就开始实施告知承诺制度。在浦东新区，新设立的企业可以在提交承诺书后的 9 个工作日内获得《种子经营许可证》《科技经营证书》《人才中介服务许可证》以及部分企业的消防审批和环保审批，可在提交承诺书后的 9 个工作日内拿到相应许可。② 2015 年至 2018 年，告知承诺制被纳入"证照分离"改革，从上海自由贸易试验区扩展至其他地区。

告知承诺制主要由四个部分组成，包括告知、承诺、许可和核查。具体来说，行政机关首先以书面形式告知申请人法律、法规、规章和特定技术规定中获得行政许可所需符合或达到的条件和标准。申请人应根据告知内容准备相关材料，并承诺符合许可条件。行政机关在收到申请人符合规定的材料和承诺书后，应在一定期限内发放许可，并进行核查。

告知承诺制作为一种新型的许可方式，是当前行政管理领域的一项新现象，被广泛关注和评价，但作为政策驱动的告知承诺制天然面临着合法

---

① 伏创宇：《我国社会信用体系建设的功能定位及其边界》，https://kns.cnki.net/kcms2/detail/11.3110.D.20230625.1436.002.html，2023 年 9 月 27 日。

② 《浦东新区企业设立、开业试行告知承诺审批方式的细则》（沪府办〔2001〕33 号文）。

性不足的问题。这也将成为本次《行政许可法》修改必须予以回应的问题，亟须以法律行使确认告知承诺制的合法地位。

（一）告知承诺制的概念与特征

目前，我国尚未在行政许可法层面确认告知承诺制，其主要存在于不同层级的行政部门政策规范中。关于告知承诺制的概念，通常被认为是行政许可申请人提出申请时，监管机关依法告知其许可条件和所需提交的申请材料等，申请人以书面形式承诺符合审批条件，最终由监管机关作出行政许可决定的许可方式。[①] 目前，告知承诺制已逐渐扩展到行政确认、行政登记等更多领域。通过分析告知承诺制的概念，我们可以发现它具有简化程序、提高效率、减轻申请人程序性负担以及将部分审查内容转化为事后监督的主要特点。

告知承诺制的引入改变了以往许可办理的审查方式。传统行政许可审查的特点是形式审查和实质审查并行，而现在行政许可审查则转变为形式审查和事中事后监督并重。这意味着行政机关将部分审查权转移给申请人的承诺，同时将另一部分审查权转化为事中事后的监督权。告知承诺制所体现的侧重形式审查和事中事后监督的特点，积极地适应了当前行政机关推行"放管服"改革和"强化监督"的趋势。所以，即使告知承诺制在提出早期并没有产生改革扩散效果，但随着优化营商环境的推进，告知承诺制改革又一次走上改革舞台，并得到国家战略规划层面进一步确认。

（二）告知承诺制的法律属性

关于告知承诺制的法律属性学术探讨，有学者将其归纳为以下七种学说[②]：（1）行政契约说，该学说重点在"告知承诺书"这一格式文本，将告知承诺制类比为行政契约，即双方用合意来处理传统行政机关的单方权力行为，甚至有学者认为《行政审批告知承诺书》实质就是行政相对人与

---

① 徐晓明：《行政许可告知承诺制风险防范制度之法治建构》，《法学》2023年第10期。
② 聂帅钧：《行政许可告知承诺制：法律属性、运作逻辑与规范化进路》，《中国行政管理》2022年第8期。

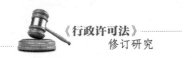

行政机关之间签订的行政协议。（2）单方允诺说，该学说侧重于行政相对人的意思表示，认为信用承诺是具有公法意义的单方意思表示。（3）新型监管工具说，该学说将信用承诺当作一种新型市场监管工具，主要发挥事中事后监管作用。（4）信用担保的简易程序说，该学说认为告知承诺制在外部程序上是对原行政审批程序的简化，在内部审查中是实现条件审查与批准决定的非即时性交割。（5）形式审查说，该学说认为告知承诺只是将行政许可的实质审查转变为对申请人是否就其符合许可条件作出有效承诺的形式审查。（6）环节条件说，该学说囿于已定型化的行政行为体系，仅指出信用承诺是信用规制链条中不可或缺的一环，甚至可能成为行政许可的前置条件。（7）消极许可说，该学说提出告知承诺制默认所有人都有资格从事特定活动，只有审查发现个别人不符合法定条件和要求后，再予以排除。

当前比较主流的观点认为：告知承诺制是一种创新的工作方式，由地方依法设立，最初应用于行政许可领域，现已逐渐扩展到其他行政执法领域。行政机关的告知行为是履行其职能的一种信息公开行为，并不对相对人增加任何义务。如果行政机关公开的信息有误，只有在与申请人的具体申请行为相结合后才可能引发行政复议或行政诉讼的问题。相比之下，申请人的承诺是一种以自身信用为担保的书面保证，旨在通过承诺配合事后监督来替代实质审查，减轻申请人的负担。

（三）告知承诺制的功能

在"放管服"改革的背景下，行政许可程序经历了多次重大变革，告知承诺制改革都集中体现了中央政府希望通过创新机制来转变政府职能、激发市场主体活力以及优化营商环境的决心。

1. 推动管理型政府向服务型政府转变

无论是从"简政放权、优化服务"的改革出发点，还是人民群众的满意度测评，告知承诺制都有着积极之处。随着《优化营商环境条例》施行及告知承诺试点改革工作的不断推进，告知承诺制被确立为一项正式制度，并在全国范围内得到改革推广。以江苏、广东、上海等沿海经济发达地区为例，这些地方通过地方立法来规范告知承诺制的实施，使其成为法治政府和服务型政府建设的重要组成部分。科学地设定和落实这一制度，取得了很好的效果：有效解决了民众普遍反映的办事难、办事慢、办事烦琐等问题；赢得了市场主体和普通民众对政府的信任，并间接推动了行政许可法监督机制的转变。

告知承诺制推行对与之相关的行政执法领域，提出了更高的要求，并促使后者发生了变革。在申请受理阶段，政府更加强调通过信息公开提升信息的透明度，保障相对人的知情权。这一举措旨在确保公众对于行政程序有清晰的了解，从而增加行政活动的透明度和公众的信任度。在事中事后监管阶段，行政机关需要严格履行监管职责，包括对相对人承诺事项的真实性进行检查核验，以及依照法定程序对企业及个人生产经营活动进行动态的监管。这些措施旨在确保承诺事项得到切实履行，同时保障市场秩序和公平竞争。如果发现侵害第三人合法权益的情形，行政机关需要及时对其进行救济。这一环节是告知承诺制实施中的重要环节，旨在保护公民、法人和其他组织的合法权益，同时真正做到服务于民、取信于民。通过及时救济，可以减少不必要的损失和纠纷，增强公众对行政机关的信任和认可。通过告知承诺制的实施，行政机关可以提升服务水平和公信力。这一制度不仅简化了行政程序，提高了效率，而且更好地服务于民，取信于民。这有助于增强公众对政府工作的信任和支持，为建设更公正、透明和高效的社会奠定基础。

2. 促进行政许可与事中事后监管的良性互动

告知承诺制将事前实质审查的风险过滤功能转移至以信用规制为核心的事中事后监管工具上，两者在行政程序中紧密相连，共同构成告知承诺制与事中事后监管的共生关系。这种关系在中央及各地方出台的法律法规中均得到了充分体现。当前"放管服"改革部署的实施，使得中央在放宽前端实质审查的同时，也更加注重事中事后监管在后端的替代功能，这与

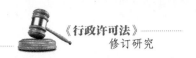

学者主张的"更少的政府规制，更多的声誉机制"内核相通。[1] 对于国家安全、公民生命健康以及环境保护密切相关的事项，应当实施严格准入审查；对于普通申请和与公民生产生活相关的申请以及普通企业经营等申请事项，放松管制，可以实施告知承诺。告知承诺制的特点就是以信用承诺代替准入审查，侧重日常监管，有利于促进行政许可从"重准入"到"重监管"的转变。

通过分析告知承诺制的特点，我们可以发现，这一制度将部分领域的准入审查权力转化为事后的监督权力。这一转变改变了以往行政机关在实施行政许可和审批时，过于强调对申请人条件和资质的审查，而相对忽视事后监督的状况。同时，这也从一定程度上"推动"了行政机关加强日常监督执法，提升安全生产监管能力。表面上看，告知承诺制的实施似乎放宽了对行政许可和审批的管制，降低了准入的难度。然而，实际上，这一制度是通过监督来替代准入审查。这种动态的行政执法方式更有利于对公民和企业的良性管理，及时发现生产生活中的违法问题，并通过日常监管予以纠正或进行法律制裁。从"重视准入"到"重视监督"的转变，不仅有利于行政机关优化行政执法方式，也有助于促进安全生产和社会稳定。

3. 推进信用基础的法治化营商环境构建

告知承诺制的初衷，是促进中国从管制型许可向西方发达国家普遍采用的以社会信用为基础的行政许可过渡。其目的不仅在于简化许可程序，还在于通过告知承诺制培育优良的社会环境，构建以信用为基础、法律为根本的法治化营商环境，更好地服务于社会主义市场经济建设。就告知承诺制的当前实践效果来看，社会大众和众多企业越来越重视自身信用，逐步树立"没有信用，寸步难行"的观念，更加重视信用积累，减少违法失信行为。告知承诺制的创立和推广将必然促使公民和企业转变其传统的观念，进而营造一个以信用为基石的法治化营商环境。告知承诺制作为近年

---

① 高秦伟：《社会自我规制与行政法的任务》，《中国法学》2015 年第 5 期。

来行政许可领域制度创新的明珠，与信用分级分类监管、失信联合惩戒等信用监管措施结合，进一步释放法治化营商环境的功效，也将成为本次《行政许可法》修改必须予以回应的实践创新。

第三章

数字政府中行政许可证据规则的修改

行政许可证据规则是行政许可证明活动需要遵循的规则。在行政许可证明活动随数字政府建设发生变化后，原来的行政许可证据规则在一定程度上出现了规则与实践不相适应的情况。作为行政许可程序研究的一部分，行政许可证据规则研究有助于立法回应数字政府背景下的创新实践，在新环境中保障行政相对人的程序性利益。行政许可证据规则的重构应当顺应数字政府实践并回应历史遗留问题，主要包括对举证责任规则、举证权利规则、证明标准、非法证据排除规则、案卷排他规则的调整。

第一节　数字政府改变行政许可证明活动

数字政府对政府组织、行政程序产生深刻影响，其中包含了在线行政许可的实践。数字政府背景下的行政许可证明活动较以往发生变化，包括证明方式、证明内容、证据审查等方面。

一、我国的数字政府与在线行政许可

数字政府是通过新一代信息技术重塑政府内部组织架构、运作程序和管理服务的现代化治理模式，对行政组织法、行政程序法等一系列法律问

题有重要影响。行政组织上，各地组建大数据局、大数据发展局统筹数字治理，类似的行政组织有山东省大数据局、四川省大数据中心等，其业务范围与传统行政部门存在交叉。行政程序上，实务中出现自动行政行为，行政程序性权利面临被架空的风险。① 数字政府在改变政府管理运行模式的同时深刻影响着群众生活，比如"最多跑一次""一网通办""接诉即办"等创新实践，新冠疫情防控中发挥重要支撑作用的健康码、通信大数据行程卡等数字技术工具。② 从在线政务发展阶段上看，数字政府时期体现着我国正在经历的在线政务建设阶段，在此之前还有电子政务时期。电子政务是应用了现代化电子信息技术和现代化管理论的政府治理方式，主要发展时期为 21 世纪初到 2016 年。与电子政务相比，数字政府的特征在于：其一，数字治理能力极大提高，包括人工智能、大数据、区块链等前沿技术的应用，自动行政行为的应用等；其二，政府组织形态发生变化，包括设置大数据局等数字治理机构。

我国的数字政府政策可以追溯到 2016 年，"十三五"规划（2016—2020）提出要实施网络强国战略，加快建设"数字中国"。2017 年习近平总书记在中共中央政治局第二次集体学习上的发言将建设"数字中国"与数字政府相联系，明确了数字政府是"数字中国"体系的组成部分。2018 年底到 2019 年初，广东省、浙江省、湖北省、福建省、广西壮族自治区等地密集发布数字政府相关文件，江苏省、深圳市等地在此后几年陆续发布有关文件。2022 年 6 月，《国务院关于加强数字政府建设的指导意见》提出"构建科学规范的数字政府建设制度规则体系""构建开放共享的数据资源体系""构建智能集约的平台支撑体系"等方向性部署，体现了我国今后在数字政府领域的政策走向。

行政许可作为"一般禁止的解除"，是行政调控市场行为、社会行为的制度工具。建设数字政府的背景下，我国建立了以国家政务服务平台为

---

① 查云飞：《人工智能时代全自动具体行政行为研究》，《比较法研究》2018 年第 5 期。
② 《国务院关于加强数字政府建设的指导意见》（国发〔2022〕14 号）。

总枢纽的全国一体化在线政务服务平台，要求"政务服务事项应上尽上"。① 各级政府推出了不同程度在线化、自动化的行政许可项目，群众可以通过在线政务服务平台了解和办理所需行政许可业务。比如，国务院办公厅主办的国家政务服务平台，公安部主办的交通安全综合服务管理平台，具有区域协同特色的京津冀一网通办平台，地方政府主办的四川政务服务网、浙江政务服务网等在线政务服务平台，都具有办理在线行政许可业务的功能。以国家政务服务平台为例，平台提供了多种在线行政许可业务的办理入口，包括无线电频率使用许可、法律职业资格认定、取水许可、河道采砂许可等。能够完全实现在线办理，无需相对人到办事现场的行政许可有无线电频率使用许可；需要相对人到场一次办理的行政业务有民用爆炸物生产许可；需要相对人到场两次办理的有法律职业资格认定。② 目前，在线行政许可的整体在线程度不高，多为"线上咨询＋线下申请、提交材料"或"线上申请＋线下提交材料"的模式，行政许可在线化程度不断提高是数字政府发展的必然趋势。

二、行政许可中的证明活动发生变化

在线行政许可提升了行政服务效能，符合"减少制度性交易成本、增强市场信心"的政策导向，有利于行政降本增效。③ 它也使行政许可程序发生变化，其中包括行政许可中的证明活动。第一，从证明方式上看，行政许可中在线证明的适用越发广泛，比如过去申请人证明自己身份必须本人到场、提供有效证件，现在越来越多的身份证明可以选择线上验证，进行人脸识别和指纹识别。第二，从证明的内容上看，基于全国一体化政务大数据体系的建设，行政许可机关直接从国家政务数据库中调取申请人有

---

① 《国务院关于加快推进全国一体化在线政务服务平台建设的指导意见》（国发〔2018〕27号）。

② 《国家政府服务平台 全国一体化在线政务服务平台（试运行）》，https://gjzwfw.www.gov.cn/index.html，2022 年 9 月 29 日。

③ 《李克强主持召开国务院常务会议 部署全面实施行政许可事项清单管理的措施等》，http://www.gov.cn/premier/2022—01—04/content_5666400.htm，2022 年 9 月 29 日。

关信息的条件越发成熟，这意味着行政许可申请人需要证明的内容减少。此前证明行政许可申请人的资质条件时，行政许可申请人需要提供相关资质证明、证书的原件和复印件等；而随着政务大数据技术的发展，申请人可以仅证明自己的身份，再由行政机关直接从国家政务数据库中调取相应资质文件。第三，从证据的审查上看，有审查程序灵活化和审查方式自动化的趋势。审查程序上，证明事项告知承诺制、容缺受理等实务创新使审查程序更加灵活。① 审查方式上，出现了部分自动化甚至全自动化的行政许可证据审查方式，比如天津提出的行政许可"无人审批"项目。② 第四，许可申请人的举证权利受到削弱。在线行政许可使申请人与行政许可机关工作人员直接接触的机会减少，如果在线行政许可申请人对行政许可机关的决定存有异议，则其难以通过面对面的对话表达观点、举示证据。举证权利问题在在线行政处罚领域体现得尤为突出，比如在交通行政执法领域，行政相对人在被电子警察抓拍违法后，可以前往线下窗口进行申诉、申辩，也可以选择在"交管12123"App上申诉、申辩，不过暂无法线上提交视频、音频、文字等电子数据证据材料。第五，电子数据在行政许可证据中的地位上升。数字政府使行政许可从申请、审核、取得，到变更、延期等实现全过程高度在线化，纸质材料和实物证据的数量减少，电子数据或将成为行政许可证据中最重要的证据种类。此外，在线行政许可中的电子数据证据的内涵也在随着科技发展得到扩展，涉及人工智能、区块链、大数据等前沿技术的新型电子数据证据进入数字治理实践。第六，行政许可的案卷从纸质形式向电子形式转变。行政许可案卷形式除了听证笔录，还包括行政许可决定所依据的一切事实和规范，以及行政机关针对当事人每个主张作出的所有裁定。根据《国务院关于在线政务服务的若干规定》第12条和第15条，行政机关应当将行政行为形成的文件按照档案管理要求以电子形式归档并向档案部门移交，除另有规定的，"电子文件不再以纸质形式归档和移交"。③ 由政策导向看，电子案卷或将逐步取代纸质案卷。

---

① 《开展证明事项告知承诺制试点工作方案》（司发通〔2019〕54号）。
② 《天津市承诺制标准化智能化便利化审批制度改革实施方案》（津党办发〔2018〕28号）。
③ 《国务院关于在线政务服务的若干规定》（国令第716号）。

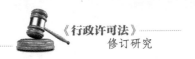

第二节　数字政府背景下行政许可证据规则落后于实践

　　行政许可证明活动遵循的规则即为行政许可证据规则。作为行政程序研究的一部分，行政许可证据规则研究从证明活动的角度解读行政许可行为，有助于丰富行政许可程序研究的视角，为优化行政许可制度提供参考。在数字政府背景下，行政许可证明活动发生较大变化，原来的行政许可证据规则与实践情况产生一定脱节，已经面临或可预见地将面临一些问题。

一、现行行政许可证据规则建立的背景

　　行政程序证据规则指行政行为证明活动中各方当事人需要遵守的行为规则，包括证明对象，证明责任分配和证明标准，以及证据审查规则等，不包括行政诉讼证据规则。我国行政程序证据规则的法律渊源主要由两部分组成：一是分散在各项单行行政法律法规中，直接规定的行政程序证据规则；① 二是存在于行政诉讼法律法规中，通过行政诉讼程序证据规范反向作用于行政程序的行政程序证据规则。与我国"分散＋倒逼"的行政程序证据规则立法模式相比，国际上更常见的立法方式是将行政程序证据规则规定在行政程序法中。比如美国、奥地利、葡萄牙等拥有行政程序单行法的国家，均在其行政程序法中规定了行政程序证据规则。也许是受到比较法上立法模式的影响，研究行政程序证据规则立法的学者们常将制定我国的行政程序证据法律规范与制定行政程序单行法联系起来，这或许从侧面反映了行政程序证据规则在行政程序法中的重要地位。②

　　与行政处罚等对抗性较强、注重证明活动的行政行为相比，行政许可

---

　　① 冉瑞燕：《论公共行政中的证据规则》，《河北法学》，2004 年第 9 期。
　　② 沈福俊：《论行政证据中的若干法律问题》，《法商研究》2004 年第 1 期。

中的证据规则相对隐蔽，比如《行政处罚法》第 40 条规定了证明标准，第 46 条第 3 款规定了非法证据排除规则，行政许可法领域则没有对这两项证据规则的专门规范。行政许可中的证明活动主要包括，申请人在行政许可申请程序中主张自己满足取得相应许可条件的证明活动，以及申请人、被许可人在行政许可听证程序中主张自己诉求的证明活动。我国行政许可证据规则法律规范主要存在于《行政诉讼法》及相关法律解释，《行政许可法》及其他与行政许可有关的法律（如《中华人民共和国招标投标法》《中华人民共和国拍卖法》等），在符合"分散＋倒逼"模式的基础上，我国行政许可证据规则法律规范整体还呈现出以《行政诉讼法》《行政许可法》为首的"2＋N"模式。

二、行政许可证据规则的内容

由于行政许可证据规则既有研究距今较久，存在一定分散性，且相关系统性研究在数量和体量上存在欠缺，本节将对行政许可证据规则的主要内容进行梳理。

（一）行政许可举证责任规则

诉讼法上的举证责任指诉讼当事方在庭审中向法庭提供证据证明自己主张的责任，有学者将其分为三个部分，分别是提供证据的行为责任、说服事实裁判者的行为责任及承担不利后果的责任。[1] 证明对象、举证责任的主体和分配构成举证责任规则的主要内容。行政许可证明对象较为明确，一是申请人是否具备该行政许可的申请资格，二是申请人是否符合该行政许可的法定条件。在举证责任主体和举证责任分配问题上，本文认为行政机关是事实裁判者，申请人是法律上的举证责任主体，但是行政机关在提出新主张时应当承担证明责任。

---

① 何家弘、刘品新：《证据法学》，法律出版社 2019 年版，第 307～308 页。

1. 申请人承担主要举证责任

从证明的角度看，行政许可活动是申请人向行政机关证明自身具有行政许可项目的申请资格，符合法定条件，行政机关对申请人提供的证据进行审查判断、作出决定，并对其从事行政许可活动的有关情况进行监督。根据《行政许可法》第31条、第49条、第50条和第62条，申请人在申请行政许可、要求变更许可事项、需要延续许可有效期时，应当举证证明自己具备申请资格、符合法定条件，在获得行政许可后要举证证明自己依法从事行政许可事项活动。如申请人举证不能，将承担相应的不利后果。由此可见，申请人是行政许可证明活动中积极主张、承担证明责任的一方，行政机关是应当保持中立的裁判者，行政许可举证责任主要由申请人承担。

2. 行政机关一般不承担举证责任

既往研究关注到行政机关是否承担举证责任的问题，有学者认为《行政许可法》规定行政机关"如拒绝相对人的权利要求"应当"说明理由"，这意味着行政机关承担一定举证责任。[1]。根据《行政许可法》第38条第2款、第55条第3款、第72条第7项的规定，行政机关在不受理行政许可申请、作出不予行政许可决定时应当说明理由。然而，要求行政机关"说明理由"并不代表行政机关承担了举证责任，原因如下：其一，行政机关如果不受理申请，只需要履行告知程序，不涉及证明活动。其二，行政机关因作出不予行政许可决定向申请人说明理由，是由于申请人不具备申请资格或不符合法定条件，这里的说明基于申请人提供的证据材料，是行政机关作为事实裁判者进行的解释行为，而不是一种举证行为。其三，行政机关根据检验、检测、检疫结果不予行政许可，应当说明依据的技术标准和技术规范，而技术标准和技术规范作为规范性文件不属于证据材料。因此行政机关说明理由并非举证，而是质证，从《行政许可法》中关

---

[1]　吴亚萍：《论行政许可证据制度》，硕士学位论文，西南政法大学，2011年，第20页。

于行政机关"应当说明理由"的规定不能解释出行政机关要承担举证责任。

《行政许可法》里可以解释出行政许可程序中行政机关举证责任的条款是第 48 条第 4 项。该条规定在举行听证时，审查该行政许可的行政机关工作人员应当提供相应的证据、理由。虽然该条款是要求审查人员举证，但是工作人员审查行政许可是职务行为，其人格被行政机关吸收，因此该条款施加给审查人员的义务直接指向行政机关。尽管在听证程序中行政机关依旧为事实裁判者，但是该条款作为行政机关在行政许可过程中应当举示证据的法律依据，具有重要程序意义。需要注意的是，这里要区分审查人员的举证行为和质证行为，审查人员在听证中举示、说明申请人提供材料的行为是质证行为，举示行政机关新制作证据的行为才是举证行为。结合实践，行政机关制作新证据主要出现在行政许可实质审查和行政许可实施后的监督检查阶段，比如在检查、检验、检测、检疫中制作的鉴定意见、勘验笔录和现场笔录等。

再看到《行政诉讼法》上，第 12 条第 3 项规定了行政许可机关成为行政诉讼被告的三种情形：一是行政机关拒绝行政许可申请，二是行政机关在法定期限内不予答复，三是申请人或利害关系人对行政机关"有关行政许可的其他决定不服"。又结合《行政诉讼法》第 34 条的规定，行政机关因以上情形而负有行政诉讼中的举证责任。那么回到行政许可程序中，行政机关是否也在该三种情况下负担举证责任？答案是基本否定的。第一种情形是行政机关拒绝行政许可申请，该情形在关于"说明理由"是否意味着行政机关承担举证责任的讨论中已有结论，不再赘述。第二种情形是行政机关在法定期限内不予答复，即行政不作为。由于行政许可机关的不作为是消极行为，不包含积极的证明活动，因此不涉及举证责任问题。第三种情形是申请人或利害关系人对"行政机关作出的其他有关行政许可的决定不服"，该情形涉及的情况较为广泛，比如申请人不服行政机关撤销、撤回行政许可的决定，利害关系人主张行政许可关系其重大利益等。回到行政许可程序中，行政机关的决定多基于对申请人和利害关系人证明的审查，因此该情形下行政机关一般不需要承担行政程序中的举证责任。

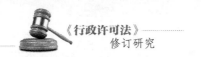

但是在第三种情形中，申请人或利害关系人不服的决定如果是行政许可机关基于自身主张作出的，那么行政机关应承担举证责任。行政机关基于自身主张作出决定的行为主要包括《行政许可法》第 8 条第 2 款规定的变更或撤回已生效行政许可，第 69 条规定的依职权撤销行政许可，以及因公共利益重大损害不予撤销行政许可。这是行政许可机关应当基于新主张举示证据的行为，而非作为事实裁判者审查申请人证据的行为，也不是到诉讼阶段才需要进行的举证行为。比如根据《行政许可法》第 8 条第 2 款，行政机关必须证明其变更或撤回已生效行政许可的行为是出于公共利益的需要，如果不是基于相关法律变化，还要证明相关客观情况发生了重大变化。

综上，行政机关在行政许可程序中一般不承担举证责任，但存在两种例外情况：一是依据《行政许可法》，行政机关工作人员在行政许可听证中应当举示新证据的情况，新证据一般形成于行政许可实质审查和许可实施后的监督检查中；二是依据《行政诉讼法》，行政机关基于自身主张作出决定的情况。

（二）行政许可举证权利规则

举证权利是行政相对人在行政程序中就其主张举出证据的权利，是行政相对人陈述申辩权的重要组成部分。举证权利在比较法研究中较受关注，是美国行政程序规则的重要组成部分。根据美国联邦法院在 1938 年摩根诉美国案中的判决[1]，以及 1946 年美国《联邦行政程序法》第 556 条（d）的规定，当事人在行政程序中有提供证据的权利。如果行政机关拒绝当事人提供的有效证据，将构成可以撤销原裁定的错误。[2] 我国立法对行政程序中举证权利的关注主要集中于行政处罚领域，《行政处罚法》第 45 条明确当事人陈述、申辩的权利中包含提出证据的权利。具体而言，行政处罚程序中的举证权利是指，当事人有权就其陈述、申辩的主张提出

---

[1]　Morgan v. United States，304 U. S. 1，18（1938）.

[2]　徐继敏：《美国行政程序证据规则分析》，《现代法学》2008 年第 1 期。

证据，行政机关应当充分听取，进行复核，若其主张成立则予采纳。①

《行政许可法》明确了申请人和利害关系人在行政许可审查和听证阶段的举证权利。《行政许可法》第36条规定申请人和利害关系人在行政许可审查阶段有权进行陈述和申辩；第48条第4项规定申请人和利害关系人在行政许可听证中可以提出证据。也就是说，《行政许可法》第48条第4项明确规定了申请人和利害关系人在听证阶段的举证权利。且由于举证权利属于陈述、辩权的重要组成部分，从《行政许可法》第36条中可以解释出申请人和利害关系人在行政许可审查中也享有举证权利。

（三）行政许可证明标准

证明标准指证明必须达到的程度，行政许可证明标准多指申请人证明其具备申请资格或符合法定条件需要达到的程度。《行政诉讼法》第69条要求行政行为应当"证据确凿"，该条款确定了行政程序证明标准的基本内容。《行政许可法》没有直接规定证明标准，但从其关于行政机关审查的规定上可以找到对应观点。一般认为《行政许可法》对证据的审查有形式审查和实质审查两种类型，形式审查仅要求申请材料符合形式规范，实质审查则需要核实申请材料反映内容的真实性。② 与这两种审查标准相对应的，即《行政许可法》要求申请人应当达到的证明标准。

根据《行政许可法》第32条和第34条第1、2款，行政机关的形式审查标准可以被归纳为四个方面：第一，能够确定申请人真实身份；第二，申请材料符合种类、数量上的要求；第三，申请材料内容符合形式上的要求；第四，如果申请材料存在易于当场更正的瑕疵，如文字错误、计算错误或其他类似错误，可以当场更正。也就是说，申请人在以上四个方面完成形式上"证据确凿"程度的证明，即达到《行政许可法》对形式审查的证明标准。

---

① 滕明荣：《论我国行政处罚的证据规则》，《宁夏大学学报（人文社会科学版）》2003年第3期。

② 胡建淼、汪成红：《论行政机关对行政许可审查的申请深度》，《浙江大学学报（人文社会科学版）》2008年第6期。

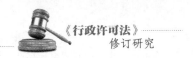

实质审查主要涉及《行政许可法》第34条第3款和第56条，有学者称它们为实质审查的"一般规定"和"特别规定"。① 根据行政许可项目内容的不同，实质审查有听证、招标、拍卖、实地调查、检测和鉴定、考试和考核、评审、公告等不同方式。申请人应当根据其申请项目的要求，在实质上完成"证据确凿"程度的证明。

（四）行政许可非法证据排除规则

非法证据排除规则是指裁判者不得采纳非法获取的证据，不得将非法获取的证据作为定案根据的证据规则。由于行政机关是行政许可程序的事实裁决者，行政许可程序中的非法证据排除规则即可表述为：行政机关不得采纳非法获取的证据，将其作为作出行政许可决定的根据。非法获取的证据可能来自申请人、利害关系人，也可能来自行政机关。《行政许可法》对证据资格的要求主要在真实性方面，第31条规定申请人要为证据材料的真实性负责，但《行政许可法》没有直接规定非法证据应当被排除。行政许可非法证据排除规则主要来自行政诉讼司法解释，《最高人民法院关于行政诉讼证据若干问题的规定》（以下简称《行政诉讼证据若干规定》）第57、58、62条排除了不具备合法性、真实性的证据材料和以非法方式获取的证据材料在行政诉讼中的适用，比如严重违反法定程序收集的证据，以偷拍、偷录、窃听等手段获取的证据，以利诱、欺诈、胁迫、暴力等手段获取的证据，存在严重瑕疵的鉴定意见等。②

（五）行政许可案卷排他规则

行政许可案卷排他规则指行政机关作出行政决定应当以案卷所记载的内容为根据，不应受到其他因素影响。行政许可案卷排他规则要求行政机关在作出行政许可决定之时已经掌握了足以支持其决定的依据，否则可能在司法审查中面临不利后果。《行政许可法》对行政许可听证中的案卷排

---

① 章剑生：《行政许可审查标准：形式抑或实质——以工商企业登记为例》，《法商研究》2009年第1期。

② 《最高人民法院关于行政诉讼证据若干问题的规定》（法释〔2002〕21号）。

他制度进行了明确规定，第 48 条要求行政机关根据听证笔录作出行政许可决定，但对其他情况下的行政许可案卷排他规则未做规范。适用于行政许可全过程的案卷排他规则在行政诉讼司法解释中才有所体现。《行政诉讼证据若干规定》第 59、60、61 条要求人民法院采纳的行政诉讼证据材料应当形成于行政程序过程中，排除了行政程序外证据材料在行政诉讼中的适用。尽管没有点明案卷这一支点，但该组规范与案卷排他规则有着相似的功能。

三、数字政府背景下行政许可证据规则存在的问题

数字政府背景下的行政许可证明活动发生重要变化，但《行政诉讼法》《行政许可法》等法律所确定的行政许可证据规则未作出相应调整，因此出现行政许可证据规则不能完全适应实践的问题。同时，行政许可证据规则还存在着非法证据排除规则、案卷排他规则不完善等历史遗留问题。

第一，行政许可举证责任主要由申请人承担，难以回应便民利民、减少制度性交易成本的政策导向。数字政府建设完善后，行政许可举证责任将有条件地向行政机关转移，降低申请人的举证责任负担。建立全国一体化政务大数据体系，优化完善各类基础数据库、业务数据库和相关专题库是我国数字政府建设的重要方向。如果国家政务数据库实现了对大量较为可靠公民数据的存储和管理，那么只要申请人能够证明自己的真实身份，国家机关就能据此调取相应的身份数据和资质数据。从建设服务型政府角度出发，数字政府给行政许可举证责任承担主体向行政机关转移提供了条件，即申请人仅需提供申请行政许可的真实意思表示，证明真实身份和接受必要资质审查，而行政机关要就国家政务数据库中应当存有的文件、信息承担举证责任。

第二，申请人、利害关系人举证权利的法律保障不充分，且数字政府可能对举证权利的实现造成障碍。立法上，《行政许可法》第 36 条未明确申请人和利害关系人的陈述申辩权中包括举证权利。实践中，数字政府使

行政许可申请人、利害关系人的举证权利受到削减，这种削减主要体现在线上交流使当事人与行政机关间的沟通成本增加，这种缺陷又因设计政务计算机系统的相关业务人员缺乏举证权利意识而进一步放大。线下的行政许可程序中，当事人可以与行政机关工作人员面对面交流，自然地进行陈述、申辩并举示相关证据，但在线化的行政许可程序减少了当事人现场向行政机关工作人员进行陈述、申辩的机会。设想一位在线行政许可申请人在收到不予受理通知后如需陈述、申辩，他或是要到线下政务服务中心，或是要通过电话、互联网等方式提交意见和材料。如果选择前者，当事人将需要承担额外的时间成本、交通费用，同时由于不予受理决定并非线下的政务服务人员直接作出，相对人的陈述申辩不一定能达到预期效果，双方存在一定沟通成本。如果选择后者，当事人与行政机关工作人员同样面临着较高的沟通成本问题，且需要当事人具备一定的电话、互联网使用能力，能通过电话、网络提交意见和证据材料。在政务系统设计方面，一些在线政务服务平台没有在醒目处设置陈述、申辩和举示证据的入口，令当事人更难实现举证权利。

第三，行政许可证明标准较低，难以回应群众对政府背书的信赖。形式审查行政许可事项目前的证明标准是申请人提供的证据材料在形式上达到"证据确凿"的程度，行政机关不对证据材料内容的真实性进行审查，这有利于降低行政机关开展行政许可审查工作的压力，也减轻了申请人举证的负担。虽然行政机关并不能以形式审查为理由完全规避错误行政许可导致的国家赔偿责任风险，但对于普通群众而言，行政许可代表国家机关背书，行政机关不能保证已审核证据材料的真实性或许是群众难以理解的。因此在政务数据管理能力提升的前提下，行政许可证明标准可以适当提高，推动更多的形式审查事项转向实质审查，保证行政许可证据材料的真实性。

第四，行政许可非法证据排除规则缺乏行政许可领域的法律依据，难以保障相关程序性权利。《行政诉讼证据若干规定》的非法证据排除规则适用于行政诉讼阶段，而行政诉讼中行政机关承担主要的举证责任。因此，现有非法证据排除规则在一定程度上是以排除行政机关举示的非法证据为目标，与行政许可程序中申请人承担主要举证责任的情况不相符。横向对比来看，《行政处罚法》规定以非法手段取得的证据不得作为定案根据，在行政处罚行为阶段确定了非法证据排除的基本规则。而目前行政许可非法证据排除的明确依据仅存在于行政诉讼司法解释中，不仅法律位阶较低，与行政许可实践也不完全适应。

第五，行政许可案卷排他规则面临着来自立法局限和电子案卷发展的双重挑战。案卷是行政程序的真实记录，严格依案卷所载内容作出的行政决定能够较充分地排除金钱、人际关系等不正当因素的影响。① 《行政许可法》规定了行政许可听证程序中的案卷排他规则，但听证笔录排他规则不能与行政许可案卷的排他规则等同。一方面，听证程序不是作出行政许可决定的必要条件，多数行政许可案卷中并没有听证笔录；另一方面，听证笔录的配套法律制度本身尚未成熟，存在层次较低、适用范围有限等问题。② 另外在数字政府背景下，电子案卷或将逐步取代纸质案卷，如何构建以电子案卷为裁决依据的行政许可案卷排他制度，是需要立法和实践共同探索的问题。

第三节　数字政府背景下行政许可证据规则的重构

本节将面对行政许可证据规则的历史遗留问题和数字政府带来的新问题，对行政许可证据规则的重构提出建议。由于仍存在数据壁垒、网络安全等问题，我国的数字政府建设将持续推进，国家提出了在 2035 年基本建成数字政府的目标。这意味着在一段时间里，我国数字政府的基本状况可能还会发生较大变化。立法虽然具有滞后性，但可以为创新发展留出一定空间。下文对行政许可证据规则重构的建议以数字政府现状为基础，且考虑了数字政府未来建设的可能方向，希望为数字政府背景下行政许可法

---

① 金承东：《案卷排他与看得见的程序作用》，《行政法学研究》2007 年第 3 期。

② 沈楠：《行政许可听证笔录制度研究——基于法条规定的实证分析》，《公法研究》2016 年第 2 期。

律规范的完善提供参考。

一、行政许可举证责任规则的重构

在数字政府建设成熟后，立法可以减少行政许可申请人的举证责任分配，增加行政机关举证责任。数字政府建成的理想情况下，申请人只需要在提出行政许可申请时承担基础的身份证明责任，而后行政机关就国家政务数据库中应当存有的身份数据和资质数据承担举证责任。对于国家政务数据库尚未掌握的数据信息，申请人承担举证责任。如果申请人能够证明已经向国家机关提交有关数据，但行政机关由于系统故障等原因无法提取数据实现举证，则行政机关承担举证不能的不利后果，推定申请人主张成立。

《国务院关于加强数字政府建设的指导意见》中提出要"加快建设全国行政许可管理等信息系统"，"加快构建标准统一、布局合理、管理协同、安全可靠的全国一体化政务大数据体系"，其中提及的设施为行政机关直接从国家政务数据库中调取所需数据提供了计算机系统和数据库上的支持。当行政许可相关信息系统和国家政务数据库建设完备，行政许可机关将有条件以较低成本调取行政许可相关的数据和信息。行政许可举证责任分配或可从申请人承担主要举证责任，转向申请人仅就身份承担基础举证责任。如果行政许可项目需要的证据尚未被国家政务数据库掌握，申请人应当承担相应举证责任，但该证据在举证完成后视为被国家政务数据库掌握，行政机关在后续其他行政行为中不得要求当事人重复举证。

二、行政许可举证权利规则的重构

行政许可举证权利规则是行政许可证据规则中较容易被忽视的部分，却具有重要的程序意义。行政许可举证权利规则的重构可以从明确权利依据和顺应数字政府两方面入手。

从既有法律依据来看，《行政许可法》第 36 条规定了申请人、利害关系人在审查阶段的陈述申辩权，《行政许可法》第48条第4项规定了申请人、利害关系人在听证阶段的举证权利。与举证权利规范的有限性相比，当事人实现举证权利的需求与行政机关拒绝当事人主张的行为对应，贯穿于行政许可程序的全过程。虽然从陈述申辩权中可以解释出举证权利，但是当前立法对行政许可举证权利的保障仍不明确。因此，立法可以考虑在需要着重关注的程序节点明确当事人的举证权利，而这些重要的程序节点，主要包括行政机关作出不予受理、不予许可、不予变更、不予延续等各项拒绝当事人主张决定的节点。

数字政府给行政许可申请人、利害关系人在实现举证权利方面带来的困难集中在两个方面，一是在线行政许可程序使当事人与行政机关工作人员的沟通成本增加，二是面向用户的政务系统在设计时未考虑到当事人举证权利的实现需求。前一项问题的解决主要依赖政务服务模式的创新，而面对后一项问题，立法可以要求在线政务平台在不予受理、不予许可、不予变更、不予延续等关键程序节点为当事人设置便捷的陈述、申辩渠道。陈述、申辩网页应提供包括文字、图片、语音等在内多种格式的电子数据、视听资料的举证途径，并以醒目标识提醒相对人有权举证。另外，行政机关应当回应当事人以在线方式举示的证据，在规定时间内审核并决定是否采纳证据及意见，及时向当事人进行反馈。

三、行政许可证明标准的重构

本文认为行政许可证明标准的重构主要在于提高形式审查行政许可项目的证明标准。具体而言是将目前的形式审查项目按照审查难度，分为简单行政许可项目和复杂行政许可项目。简单项目采取自动审查方式，适用不要求真实性的形式"证据确凿"标准，复杂项目保留人工审查方式，要求审查证据内容的真实性，适用更高的证明标准。

行政许可审查实务中已经出现较高程度的自动行政行为，如天津市提出的52项"无人审批"行政许可。有学者认为这种"无人审批"相当于"全自动行政决定"，应仅适用于简单行政许可事项，对于复杂事项则要保

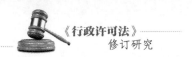

留行政机关及其工作人员的决定权。① 本文支持这一判断，建议对简单的形式审查行政许可项目采用自动审查方法，适用形式"证据确凿"标准，一般不对真实性作要求。自动审查将审查中的简单重复工作更多地交给机器，让行政机关工作人员的精力可以放到更重要的项目审查上。存在一定复杂性的形式审查行政许可项目，可以逐步从形式"证据确凿"标准转向实质"证据确凿"标准，要求行政机关对证据内容真实性进行审查。

自动行政许可审查是一种创新的行政管理方式，其合法性或许会受到一定质疑。不过在形式审查行政许可项目中，行政机关的裁量空间本就非常有限。行政机关工作人员需要根据明确的法律标准，确认申请材料在形式和数量上符合法律要求，这是一种结果较为确定、过程较为简单的比对工作。在准确识别申请条件的基础上，由计算机系统自动完成对简单行政许可项目的审查，审查结果不会与正确的人工审查结果有所不同。因此，本文认为在简单形式审查行政许可项目中适用自动审查不存在合法性障碍。

判断某个形式审查行政许可项目是否适合采用自动审查时，主要可以看该项目所需证据材料能否从国家政务数据库中直接调取。行政许可形式审查的要点有四：一，申请人身份是否真实；二，申请材料的种类、数量是否齐全；三，申请材料的具体形式是否符合要求；四，申请材料是否存在易于当场更正的瑕疵。在自动审查的语境下，以上审查要点对应的方法分别是：第一，通过人脸识别等生物识别技术验证申请人身份；第二，通过数据库比对判断申请材料是否符合种类、数量要求；第三，通过人工智能的自然语言处理技术和图像处理技术判断申请材料是否在内容上符合形式要求，是否存在可以当场更正的瑕疵。其中，生物识别技术和数据库比对技术较为成熟，人工智能中的自然语言处理和图像处理技术尚在发展，应用门槛较高。这意味着，行政许可形式审查自动化的障碍主要在于通过人工智能技术识别申请材料具体形式。而国家政务数据库中直接调取的材料多由国家机关依法制成，或经过国家机关认定，若无明显错误则可以被

---

① 宋华琳：《电子政务背景下行政许可程序的革新》，《当代法学》2020 年第 1 期。

认定为真实、合法。也就是说，对于从国家政务数据库直接调取的申请材料，不用通过人工智能技术识别比对，一般可以推定其有真实性和合法性。一项行政许可项目需要的申请材料在国家政务数据库中可以直接调取的比例越高，越适宜使用自动审查方法。

用国家政务数据库可靠性来避免人工智能技术依赖的方案存在两处难点。一是需要考虑政务数据安全和政府部门数据互通的实际情况。目前我国行政机关之间的数据信息系统尚未完全打通，自动审查的行政许可项目设置要考虑到不同行政部门之间数据沟通的实际情况，比如公安部门、税务部门与其他行政机关之间的数据系统多不相通。二是需要考虑国家政务数据库材料存在错误疏漏的可能性。国家政务数据库中的数据材料总量庞大，且地区间的数字化程度存在差距，从概率上看很难避免数据存在错漏的可能。不过由于形式"证据确凿"证明标准的容错性较高，一定程度的数据质量问题尚在行政许可形式审查的容错范围内。此外，由于用于比对的国家政务数据库可靠性较强，虽然适用的证明标准只对证据材料有形式上的要求，自动审查也能较好保证证据材料的真实性和合法性。

四、行政许可非法证据排除规则的重构

行政许可非法证据排除规则重构的重点在于构建符合行政许可需求的专门性非法证据排除规则，而不是将其笼统纳入行政诉讼和其他行政行为的领域。横向参照其他行政行为法关于非法证据排除的立法实践，非法证据排除规则在行政处罚、行政执法等领域均有体现，在立法层次角度上，相关规定有法律，也有行政法规，如《行政处罚法》第 46 条第 3 款，《公安机关办理行政案件程序规定》第 27 条等。[①] 因此，在《行政许可法》或《行政诉讼证据若干规定》中规定行政许可非法证据排除规则都较符合立法习惯。

设置行政许可领域排除非法证据的范围时，可以从现行法律出发，结

---

① 《公安机关办理行政案件程序规定》（公安部令第 160 号）。

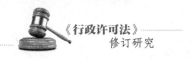

合行政许可程序中非法取证的实际情况。《行政许可法》第69条规定了可以撤销行政许可的情形，其中涉及的非法证据与应当被排除的非法证据存在重合。第69条第1款规定了行政机关行为违法导致的可撤销行政行为，涉及的非法证据包括行政机关工作人员滥用职权、玩忽职守形成的证据，行政机关超越法定职权、违反法定程序获取的证据等。第69条第2款规定了被许可人行为违法导致的可撤销行政行为，涉及的非法证据包括其以欺骗、贿赂等不正当手段获取的证据。从现行的行政许可举证责任分配规则来看，申请人、利害关系人非法获取证据的风险阶段主要在申请获取行政许可和申请变更、延续行政许可的阶段，行政许可机关非法获取证据的风险阶段主要在行政许可实质审查和行政许可实施后的监督检查阶段。因此，行政许可非法证据排除规则在主体上需要兼顾申请人（被许可人）、利害关系人、行政机关及其工作人员，在适用阶段上贯穿行政许可从申请、审批，到延续、监督检查的全过程，在具体排除的非法证据内容上可以参照《行政许可法》第69条的规定。

五、行政许可案卷排他规则的重构

行政许可案卷排他规则的重构需要回应两方面问题。第一，构建行政许可全过程中的案卷排他规则。现行法律仅规定了行政许可听证程序中的案卷排他规则，尚未实现全过程的行政许可案卷排他规则。在数字政府背景下，行政许可决定者与申请人、利害关系人之间接触的机会更少，行政许可案卷排他制度意味着行政机关作出行政许可决定应当严格依据案卷所记载内容，有利于凸显行政许可程序的公正性，降低争议风险。第二，构建以电子案卷为支点的行政许可案卷排他规则。数字政府使案卷形态从纸质案卷和实体案卷转向电子案卷，也就是说，行政许可案卷将越来越多地以电子数据形态存在。从证据角度看，与电子数据容易被篡改的一般印象不同，有学者指出由于技术上的复杂性和系统性，如果在审查时遵循系统性原理、电子痕迹原理和虚拟场原理，电子数据往往具有良好的真实性保障。[①] 除此之外，区块链技术的推广运用和数字审计系统的建设保证了在线政务过程信息的全面留存，也有利于电子案卷的可靠性。因此，在数字政府环境下建立以电子案卷为支点的行政许可案卷排他规则，或许比在传统情况下更具可操作性。

行政许可证据规则研究是行政许可程序研究中的一小部分，但能从举证责任、举证权利的角度审视行政许可主体间的权利义务关系是否恰当，有助于通过完善证明标准、非法证据排除规则、案卷排他规则保障当事人程序性权利，给行政许可程序研究提供了丰富的视角，有助于法律研究回应行政实务创新。

行政许可证据规则重构可以从多方面回应数字政府的创新实践，不过相关法律修改应慎之又慎。法律要充分尊重申请人、被许可人不使用在线政务的选择权，应当在保留传统政务形式选择权的同时探索在线政务的创新。考虑到在线政务对行政机关及其工作人员具有便利性，线下政务服务的需求可能被忽略。为避免行政机关以在线政务为理由拒绝为行政许可当事人提供线下政务服务，应在法律中明确规定当事人有选择在线下办理行政许可业务的权利。另外，数字政府伴随着一定风险，需要我们在实践中探索在线政务的边界。在世界安全局势不明的情况下，对互联网和计算机的过度依赖可能成为双刃剑，如果网络瘫痪或者计算机硬件被破坏，政府也要有能力发挥职能。从法律需要具有稳定性，以及法律相对于实践的滞后性来看，法律修改的跨度不宜过大。因此，若需要就数字政府背景下行政许可证据规则问题对《行政许可法》进行修改，或可在申请人需要提供的材料、当事人的举证权利保障、申请材料自动审查、非法证据排除基本规则、电子案卷等方面增加部分条款。

---

① 刘品新：《论电子证据的理性真实观》，《法商研究》2018 年第 4 期。

第四章

优化营商环境背景下《行政许可法》的修改

第一节 优化营商环境的立法现状

"营商环境"一词源于 2001 年世界银行构建的营商环境指标体系，是指一个经济体内的企业在开办企业、金融信贷、保护投资者、纳税等覆盖企业整个生命周期的重要领域内需要花费的时间和成本的总和。[①] 优质的营商环境是一个地区或国家核心竞争力、市场活力、经济软实力和社会创造力的重要体现。[②] Klapper 认为，一国政务环境、治理能力及法治环境所构成的营商环境的好坏，是影响企业入驻和投资某一国家意愿的重要因素。[③] Tomasz 认为优良的营商环境一方面能给企业创造较低成本，增加企业绩效，另一方面也有利于企业全方位发展[④]。Bripi 采用了实证研究方法，发现政府的行政效率特别是在企业申办之初的政府行政效率对企业发

[①] 陈雯：《福建省优化营商环境路径探析——基于行政审批改革的视角》，《经济视角》2020 年第 6 期。

[②] 常健：《国家治理现代化与法治化营商环境建设》，《上海交通大学学报》（哲学社会科学版）2021 年第 6 期。

[③] Klapper L，Lewin A，delgado J M Q，"The Impact of The Business Environment on The Business Creation Process"，*Palgrave Macmillan*，No. 2，2011，pp. 108−123.

[④] Tomasz W，"Kolasinsky Postcolonial Sub − Saharan Stateand Contemporary General Business Environment Selected Issues"，*Management and Business Administration*，2015，pp. 45−48.

展有重要影响，如果政府行政效率低下，那么企业的可持续发展将难以进行。①

自 2003 年世界银行开始发布《营商环境报告》之后，法国、俄罗斯、印度等国也开始结合本国实际情况，以不同的标准和形式对国内营商环境进行评价，聚焦法律规则的修改和法律实施机制的完善，推动制度变革与制度执行能力的升级，提升本国的国际竞争力。② "只有全面依法治国才能有效保障国家治理体系的系统性、规范性、协调性，才能最大限度凝聚社会共识。"③ 在中国，发挥法治引领与保障作用，是促进营商环境专门立法的关键动因。

一、优化营商环境的法治意涵

我国实行改革开放以来的理论与实践表明，"市场经济就是法治经济"④，社会主义市场经济制度从宪法到法律法规已得到全面确立，"营商环境"的提出是市场经济发展到新阶段的诉求。2013 年 11 月，中共十八届三中全会提出"建设法治化营商环境"，自此"营商环境"取代了"投资环境"，频繁出现在党和政府的文件与领导人的讲话之中。⑤ 2014 年 10 月，中共十八届四中全会提出"社会主义市场经济本质上是法治经济"；2015 年 10 月，中共十八届五中全会提出"完善法治化、国际化和便利化的营商环境"；2021 年 1 月，中共中央印发的《法治中国建设规划（2020—2025 年）》提出"持续营造法治化营商环境"；2021 年 8 月中共中央、国务院印发的《法治政府建设实施纲要（2021—2025）》再次强调，

---

① Bripi F, "The Role of Regulationon Entry：Evidence from the Italian Provinces", *World Bank EconomicsReview*，No. 2，2016，pp. 383–411.

② 林念修：《中国营商环境报告 2020》，中国地图出版社 2020 年版，第 5 页。

③ 习近平：《论坚持全面依法治国》，中央文献出版社 2020 年版，第 3 页。

④ 李永纯：《论市场经济就是法治经济》，《中国农业大学学报（社会科学版）》2000 年第 3 期。

⑤ 郑继汤：《习近平关于构建法治化营商环境重要论述的逻辑理路》，《中共福建省委党校学报》2019 年第 6 期。

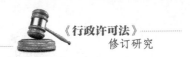
"持续优化法治化营商环境。紧紧围绕贯彻新发展理念、构建新发展格局，打造稳定公平透明、可预期的法治化营商环境"。①

目前学界对于营商环境的界定呈现出复杂性、全域性、模块化特点。有的学者以外在全要素为中心，认为营商环境是指伴随企业创办、经营、终止整个过程中，从开办到退出整个经营过程中所触及的周边境况及条件或外在制度和环境的总和②；有的学者认为，"营商环境"是与企业营利活动有关的一切要素综合而成的动态体系，涵盖了影响企业活动的经济、政治、文化、社会乃至环境质量等各方面要素③；有的学者认为，营商环境是一个系统，是指市场主体在进行生产经营所涉及的一系列外部因素及其结构所构成的有机总体，这些构成要素相互作用、相互联系，构成一个地区或一个国家经济发展的市场环境④。如此宽泛的界定方式可能会造成营商环境内容的泛化和认知的割裂，从而削弱营商环境概念的具体性和针对性。⑤

笔者以为，党和国家政策文件的密集回应已经充分表明法治与优化营商环境之间的密切联系：营商环境法治化是优化营商环境的重要手段，法治要素是优化营商环境的核心要素。"营商环境一般包括政务环境、市场环境、法治环境和人文环境四个方面，其中法治环境是核心内容和关键所在。"⑥诚然，营商环境从理论上来讲应该是市场主体进行商业活动的所涉及的一系列环境的总称，涉及市场准入、资金融通、税务、公共服务等众多领域的制度体系，内涵极其丰富，但是法治环境无疑是营商环境体系

---

① 《法治政府建设实施纲要（2021—2025 年）》，https://www.gov.cn/zhengce/2021−08/11/content_5630802.htm，2023 年 10 月 27 日。

② 韩业斌：《我国法治化营商环境的区域差异及其影响因素》，《领导科学》2019 年第 8 期；毛馨苑、田金龙等：《粤港澳大湾区背景下营商环境优化研究——基于对东莞企业的调查》，《东莞理工学院学报》2019 年第 4 期。

③ 张志铭：《以科学评价方法促营商环境优化》，《社会科学报》2019 年 1 月 17 日第 1 版。

④ 薛智胜、刘芳非：《地方立法视域中营商环境及构成要素比较研究》，《天津法学》2020 年第 3 期。

⑤ 韩阳：《国家治理现代化中营商环境建设：以政商关系为视角》，《统一战线学研究》2020 年第 1 期。

⑥ 冯向辉：《市县营商法治环境评价指标体系研究——以黑龙江省为例》，《哈尔滨工业大学学报》（社会科学版）2021 年第 4 期。

中最为重要、最为根本的部分，从某种意义上我们可以说，营商环境"优化"的本质是法治化。① "法治化营商环境的核心，一方面在于通过公法调整政府与市场的关系从而保障市场稳定有序发展；另一方面在于通过公法规范政府行为从而为企业权益保障和经营活动提供便利。"② 从法治视角审视营商环境问题，我国建立了《行政许可法》《优化营商环境条例》及与营商环境相关的诸多政策性文件，目的在于为市场主体从事经营活动、获取利润提供全方位的行为规制与法治保障。从法律实施环节的宏观视角来看，营商环境法治化不仅要求一套科学、完备的法律规范体系，还需要各级政府严格依法行政，建立政府决策的法治化机制，切实转变政府职能，简化办事程序，保证行政执法的公平公开，坚决破除行政执法过程中的地方保护等现象；当政府的执法行为逾越法治边界，就需要司法权对行政权的行使进行监督，确保行政机关依法行政，维护行政相对人的合法权益；同时，由于我国宪法所确立的政治制度结构是司法权与行政权均来源于立法权，无论是司法机关还是行政机关都需要接受立法机关的监督。

二、优化营商环境的立法现状

习近平总书记指出："相比过去，新时代改革开放具有许多新的内涵和特点，其中很重要的一点就是制度建设分量更重。"③ 优化营商环境法治建设，关键在于建立专门立法体系。目前，我国尚未制订国家层面的优化营商环境专门法律，优化营商环境的法律规范体系主要以法规和规章主导，包括行政法规、地方性法规和地方政府规章。整体而言，落实优化营商环境的专门立法主要包括三个层次：一是行政法规，即国务院 2019 年制定的《优化营商环境条例》，涵盖总则、市场主体保护、市场环境、政

① 杜宴林：《营商环境"优化"的本质是"法治化"》，《吉林日报》2018 年 03 月 26 日第 4 版。
② 白牧蓉：《营商环境优化中公法与私法的协同》，《兰州学刊》2022 年第 1 期。
③ 习近平：《关于〈中共中央关于坚持和完善中国特色社会主义制度推进国家治理体系和治理能力现代化若干重大问题的决定〉的说明》，《人民日报》2019 年 11 月 6 日第 4 版。

务服务、监管执法、法治保障、附则，共 7 章 72 条内容。二是各省市的地方性法规，截至 2023 年 10 月 1 日，通过国家法律法规数据库检索"营商环境"，共有省级营商环境条例 24 部（详见附录表 1），设区市优化营商环境条例（不含人民代表大会常务委员会关于优化营商环境的各类决定）有 32 部（详见附录表 2）；三是地方政府规章，如 2020 年 4 月完成的《苏州市法治化营商环境建设指标体系》，该指标体系涵盖 5 个一级指标、19 个二级指标、64 个三级指标。① 营商环境作为一项重要的测量指标，不仅用来评价投资贸易的便利化程度，而且作为推动经济高质量发展的一个重要评价要素，集中体现了制度的质量水平。②

建设廉洁高效的政务环境、营造公平正义的法治环境、形成有序竞争的市场环境是优化营商环境的"三位一体"的基本路径。而法治环境以其权力制约的基本原则、平等保护的程序正义、司法救济的终局权威等特质，对政务环境与市场环境具有极强的塑造功能。在很大程度上，公平正义的法治环境是对便捷高效的政务环境、充满活力的市场环境的价值导向、有效引领与根本保障。③ 对于人民代表大会常务委员会关于优化营商环境的各类决定以及第三层次地方政府规章，由于其数量庞大，内容体现当地特色过于细化，在本部分暂不将这两类专门立法纳入梳理范围。本文重点梳理归纳国务院优化营商环境条例及各省市合计 56 部地方性营商环境条例。从各地条例颁布实施的情况看，各地区开启了地方营商环境制度创新竞争的"锦标赛"模式。④

三、各地优化营商环境的立法经验比较

"法治是最好的营商环境""法治是核心竞争力"已经成为中国各地推

---

① 《苏州市法治化营商环境建设指标体系》，https://www.cods.org.cn/c/2020-04-29/8198.html，2023 年 10 月 27 日。

② 冯杰：《深化"放管服"改革优化税收营商环境》，《中国行政管理》2018 年第 10 期。

③ 公丕潜：《营商环境的法治意涵与优化路径——以〈黑龙江省优化营商环境条例〉为参照》，《哈尔滨商业大学学报（社会科学版）》2020 年第 4 期。

④ 骆梅英：《优化营商环境的改革实践与行政法理》，《行政法学研究》2020 年第 5 期。

进营商环境建设的共识。[①] 各省市在各自管辖权范围内，不断总结和发布各类优化营商环境的典型经验，各地优化营商环境经验经过制度固化形成了具有地方特色的地方性法规。本节重点对全国 24 部省级（含直辖市与自治区）及 3 部经济特区（深圳、厦门、汕头）优化营商环境条例地方立法文本中五个主要方面进行分析，这五方面分别为：市场主体保护及市场环境方面、政务营商环境方面、法治营商环境方面、人文营商环境方面、监管执法与法律责任方面。

1. 市场主体保护及市场环境方面

各地优化营商环境创新立法的"锦标赛"推动了市场主体保护及市场环境的法治化。在市场主体保护及市场环境改善的法律制度层面，通过对比相关地方性立法（见附录表 3）可知，随着立法技术的提升与实践经验的积累，各地出台的地方性立法普遍对市场主体实施了更全面、细致和有力的保护，维护市场环境的相关制度也有显著的变化。更值得关注的是，这种地方法治建设的竞争与进步不仅使当地营商环境的法治化程度显著提升，还促进了全国范围内营商环境的法治化进程。国务院 2019 年出台的《优化营商环境条例》在市场主体法律保护及市场环境改善方面就充分吸收了前述地方"法治试验"中取得成功的部分成果。[②]

从附录表 3 可观察出，在陕西省条例 2020 年修订后，在主体保护方面，增加了设立完善投诉举报机制，建立主体维权平台，更有利于对市场主体的权利保护和对公权力的监管；在市场环境方面，破除市场准入和退出障碍、落实减税降费政策、帮扶中小企业发展。而深圳特区则由于开放程度更高，更多地关注到外商投资，给予外商投资者更多的优惠和自由空间，并率先引入个人破产制度，在个人方面保护主体权益。我国尚未制定

---

① 例如，上海提出"使法治成为上海核心竞争力重要标志"，浙江提出"努力使法治成为核心竞争力重要组成部分"，江苏提出"真正使法治成为江苏核心竞争力的重要标志"，湖北提出"使法治成为湖北发展核心竞争力重要标志"，宁夏提出"让法治成为宁夏未来发展核心竞争力的重要标志"，广州提出"让法治提升广州核心竞争力"，等等。

② 苟学珍：《营商环境法治化的地方经验》，《甘肃行政学院学报》2020 年第 4 期。

全国性的个人破产法，深圳是我国进行个人破产立法的试点城市。2021年 11 月 8 日，深圳中院第一次裁定了个人破产清算的案件。深圳作为个人破产制度试验点，若能取得不错的社会效果和法律效果，个人破产制度将会被推广到全国，上升为国家立法。

2. 政务营商环境方面

地方法治竞争推动了政务服务法治化。政务营商环境的核心在于限制政府的行政权力，将市场与社会可以自行调节的事项放权给市场主体自行处理，给予市场主体最大限度的自由，继续由政府行使的权力也需要政府依法用权，主动为市场主体提供优质服务，将行政执法融于服务之中，实现由管制政府向服务政府的转变。法治环境对于政务环境的塑造主要体现于依法行政前提下法律体系对于政府行使行政权力的促进与规制，行政权对于市场经营活动进行干预的边界需要法律予以划分、行政权行使的程序与实体条件需要法律进行明确、以行政权行使质效提升服务市场主体的改革措施也需要法律给予配合。在政务营商环境中，结合各个地方立法规定，大体上规定了包括公共政策供给、服务职能供给和基础设施供给等构成要素。①

例如，《陕西省优化营商环境条例》（2018）首次提出了以年度为单位确定简政放权的重心，提出采用第三方信用评价机制等，2020 年的新修订法中则在此基础上规定了统筹推进数字政府建设、完善在线政务服务平台、推进政务服务标准化等程序性规定，紧随时代脚步；深圳特区则推行企业政策精准服务模式，实现涉企政策"一窗发布、一网查询、精准推送"，致力于打造更便捷的环境。

3. 法治营商环境方面

法治营商环境是指充分利用国家赋予地方的立法权限，将优化营商环

---

① 薛智胜、刘芳非：《地方立法视域中营商环境及构成要素比较研究》，《天津法学》2020年第 3 期。

境的各个要素法治化，从广义上法治营商环境可划分为制度供给环境、依法行政环境、司法规范环境①，从而依法保护企业家合法权益，营造一种促进企业家公平竞争诚信经营的环境，具体内容比较详见附录表4。

例如，上海市、北京市、河北省、黑龙江省等地的优化营商环境条例均强调建立调解、复议、仲裁、诉讼等多元化纠纷解决机制；《河北省优化营商环境条例》提出编制年度行政执法检查计划，罚缴分离和收支两条线，规范限产、停产等应急管理措施，开展公平竞争审查。

4．人文营商环境方面

人文营商环境是指一个地区的营商环境中的软环境，通常是指包括人才引进、价值观念、创新意识、公众包容度和国际交流等领域的社会意识形态活动所创造的物质精神环境，是营商环境的重要组成部分。良好的人文营商环境主要围绕企业家的诚信精神、市民公众的包容精神与政府部门的服务精神建立。通过对各地优化营商环境的梳理，发现仅有天津市和辽宁省在优化营商环境条例中将人文环境独立成章，从人才培养、宜居水平、国际交流等方面进行优化人文营造环境的相关规定。

5．监管执法与法律责任方面

优化营商环境不仅需要在各方面构建完善、科学的法律体系，还需要保证行政机关的执法效率与执法效果。一方面，执法机关应当充分利用互联网、大数据等技术手段增强执法效能，建立跨部门、跨区域的联动执法机制打破执法壁垒；另一方面，执法部门的执法行为也需要得到监管与规范，在实体层面妥善行使自由裁量权，减少行政行为对正常生产经营活动的影响，在程序层面做好信息公示、执法过程留痕等工作。

对比附录表5可知，监管执法方式各地方基本趋同，信用联合奖惩并采用智能监管的基本方式，但陕西省强调跨部门协调，深圳市强调政府部

---

① 谢红星：《营商法治环境评价的中国思路与体系——基于法治化视角》，《湖北社会科学》2019年第3期。

门不能混乱执法，坚持处罚与教育相结合，而不是为了处罚而处罚。通过以上对比分析可看出，各个地方都在推行创新制度，在《优化营商环境条例》的基础上，本着更好地服务企业，营造便利、平等、自由度更高的市场环境，改善复杂政务环境的原则和思想，创新制度更契合该地方所属区域的基本特征。相比之下，经济口岸更多关注到外资投资企业，东部沿海城市的制度更智能化、新颖化，中西部城市则强调制度和市场环境本身的优化。这也是进行地方试验性立法的必要性，由于各个地方的特点不一同时又具有地区代表性，直接出台全国性的法律会出现地方不适应的情况，所以要先进行授权地方立法试验。虽然各地都在优化营商环境，但对于有限的资源来讲，客观上也是地方竞争的缩影。

四、优化营商环境与行政许可制度的关系

作为一个舶来概念，营商环境通过实践探索、制度创新与法律规则固化，已经成为推进政府与市场关系重塑、推动政府职能转变、实现国家治理现代化的重要抓手与核心支点。[①] 行政许可制度作为政府参与市场调节、管理经济社会事务的重要手段，对于营商环境的优化起着至关重要的作用。从宏观层面来看，行政许可制度实际上是政府规制与自由市场之间的边界，行政许可的数量与设定权限直接反映市场的自由程度；从微观层面来看，市场主体获取行政许可的程序、效率等因素也将影响市场主体开展经营活动的意愿。总体来讲，行政许可制度的完善能够同时在法治环境、政务环境和市场环境等多个角度优化营商环境。

1. 行政许可制度的完善有利于优化法治环境

"法治是最好的营商环境"。[②] 法治既是营商环境的内核，也是营商环

---

① 常健：《国家治理现代化与法治化营商环境建设》，《上海交通大学学报（哲学社会科学版）》2021年第6期。

② 习近平：《完善法治建设规划提高立法工作质量效率　为推进改革发展稳定工作营造良好法治环境》，http://www.gov.cn/xinwen/2019-02/25/content_5368422.htm?cid=303.2019-02-25，2023年10月27日。

境的保障。一方面，审批部门对待申请人提出的许可申请，要做到依法办事，公平高效地实施审批行为；另一方面，《行政许可法》本身的科学性、合理性也将对市场主体获取行政许可起到决定性作用。所谓良法善治，首先应当强调以良法为基础和前提，有法可依并非只是对立法速度和规模的要求，而更重要的是对立法质量的要求[①]，从这个角度来看，《行政许可法》的完善是优化法治营商环境的基石。

2. 行政许可制度的完善有利于优化政务环境

政务环境是营商环境的重要构成要素，也是营商环境中对企业影响最大的因素。现实中行政许可申请存在审批环节多、周期长、服务效率低下等问题，影响市场主体对营商环境满意度。因此，改善政务环境是优化营商环境的重要环节。近年来，从"放管服"改革开始，行政审批权责清单制度的建立减少了"乱作为""不作为"的现象，降低了政府管理成本，在优化服务意识、提升服务质量中，"一站式审批""一枚印章管到底""互联网＋政务"等改革措施的实行，提高了政府的行政效率，减少了企业的行政负担，逐步实现了社会效益最大化。

3. 行政许可制度的完善有利于优化市场环境

建立统一开放、竞争有序的市场环境是营商环境优化的根本之所在。近年来，我国行政许可制度的完善对市场环境的优化作用主要体现在：最大限度取消和下放行政审批事项，在商事制度改革中，大幅削减前置审批；放松市场准入条件，降低市场主体准入门槛，充分发挥市场的调节作用，营造出宽松便利的市场环境，逐步为政府"瘦身"、为企业"减负"。另外，实行市场准入负面清单制度，对于负面清单以外的行业、领域、业务等，确保各类市场主体可以依法平等进入，可以广泛参与到市场竞争之中。[②]

---

① 王利明：《法治：良法与善治》，《中国人民大学学报》2015 年第 2 期。
② 郑子君：《以行政审批制度改革为突破口优化营商环境》，《行政管理改革》2022 年第 7 期。

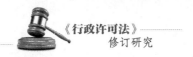

第二节　优化营商环境背景下《行政许可法》
修改的关切问题

党的十八大以来，行政审批制度改革与政府治理现代化成为党中央高度重视的工作重点。习近平总书记多次强调，要进一步推进简政放权，深化行政审批制度改革，放宽市场准入，创新监管方式，最大限度减少政府对微观事务的管理，进一步激发市场活力和社会创造力。[①] 2015 年，李克强总理首次提出"放管服"概念，要求简政放权、放管结合、优化服务协调推进，逐步实现政府治理能力现代化。此后，审批领域的"放管服"改革逐渐成为行政审批制度改革的主要内容，通过"放管服"改革优化营商环境，理顺政府与市场关系，完善社会主义市场经济体制也成为实然的路径选择。《行政许可法》作为行政审批制改革的法治化起点，其修改的关切问题也围绕着简政放权，放管结合，优化服务推进过程中面临的困境展开。

一、简政放权推进存在阻碍

党的十八大以来，中央政府高度重视行政审批事项的改革工作，分批次取消和调整了诸多行政审批事项，简政放权工作成效显著。在商事制度改革推行以来，国务院采取了证照分离等一系列措施降低市场准入的门槛，市场主体数量上升明显，但是在食品、建筑等领域普遍存在市场主体获得营业执照后被许可流程阻挡在市场之外的情况。

出现上述情况的原因在于简政放权的推进是先易后难的过程，已经顺利调整与取消的往往是一些边缘事项，不涉及各部门的利益，而剩下要取消和调整的事项涉及问题较多难度较大，有的涉及部门切身利益，取消审

[①]　张定安等：《深化行政审批制度改革推进政府治理现代化》，《中国行政管理》2022 年第7 期。

批将会引发部门的抵触或者促使相关部门另设变相审批；有的涉及多个部门协同，对于费时费力的事项各部门间推诿扯皮，对于有利可图的事项又政出多门甚至"依法打架"，难以形成积极的多部门协同结果；还有的是上级政府下放和调整的权力，下级政府由于人力不足或者专业程度不够，承接与转放不及时、不到位等。

解决简政放权的问题，要做到以下几点。一是继续削减审批事项，特别是影响市场主体经营积极性，不利于发挥市场调节作用的，有协调难度的审批事项；二是对保留下来的审批事项，要简化审批程序，减少审批环节，提高审批效率，发挥电子政务便捷性特点，统一整合在网上办理；三是针对证照分离的情况，把办"证"纳入行政审批制度改革的重点，切实解决"办照容易办证难"的新问题。

二、放权监管结合落实困难

"放管服"改革始终强调在简政放权的基础之上实行放管结合的治理方式，取消行政审批事项不代表政府彻底退出对市场的参与，长久以来的实践表明政府对市场主体缺乏监管容易导致不正当竞争、侵犯知识产权等现象。行政审批改革的过程中，国务院始终要求创新监管方式，提升监管效率和精确度。但事实上监管一直是"放管服"改革链条中的薄弱环节，"重审批，轻监管"的问题仍然存在。[①] 行政审批权集中到专门的审批机关统一行使以后，为市场主体解决了多头跑路的问题，提高了行政审批效率，极大改善了营商环境。然而，在行政审批与监管出现分工后，在审批部门、行业主管部门和市场监管局共同履行监管职责的过程中，因监管责任划分不明确导致推诿扯皮、乱管庸管的情况依然存在。

解决行政审批中审批与监管的平衡问题，就要将强化监管与严肃审批并举：一要厘清不同项目中审批和监管之间的关系，有的是审批部门同时

---

① 郑子君：《以行政审批制度改革为突破口优化营商环境》，《行政管理改革》2022 年第7 期。

负责监管，有的是只需要审批不需要监管，有的是不需要审批但是后续由主管部门进行监管。① 二要明确有关部门的职能，确保监管责任落实到具体的行政部门，形成周密完善的市场监管体系。对于需要多部门协同监管的事项，要建立部门协同机制，使不同监管部门之间能够顺畅沟通，形成监管合力。

三、服务质效地区差异明显

行政审批制度改革与营商环境优化，最终的目的是通过提升政府的政务服务水平来激活市场活力，让市场主体更顺畅地参与到经济活动中来。长期以来，市场主体与政府打交道的过程中有时会面临"门难进、脸难看、话难听、事难办"的困境。为此，国务院出台了《行政许可标准化指引》（2016 版），明确了行政许可的服务规范，但是各地仍存在"政务服务标准不统一、线上线下服务不协同、数据共享不充分、区域和城乡政务服务发展不平衡等问题"。② 目前，全国各地政务大厅办事效率差距较大，比如部分地区数字政府的线上平台建设存在漏洞，在一系列的申请程序中存在无法线上办理的业务；部分地区虽实行线上办理，但是材料的提交却是线下进行的，导致数字政府建设流于形式。造成这种现象的原因一方面在于各地区的经济发展水平客观上存在差异，市场主体对于线上平台的使用需求和使用频率也不尽相同，政府对于数字平台建设的重视程度也就有高有低；另一方面在于部分地区政府的服务意识不足，缺少主动推进线上平台的建设与使用的动力。

针对这些问题，各地政府一是要端正服务态度，树立服务型政府的思想观念。二要提高服务效率，避免出现能一天办完的拖到次日，能来一趟解决的让市场主体反复跑办的问题。三要推动数字政府建设，通过集成化的政务处理平台解决相对人的行政诉求，能够线上办理的程序不再要求提

---

① 周文彰：《关于行政审批制度改革的几点思考》，《行政管理改革》2015 年第 9 期。
② 《国务院关于加快推进政务服务标准化规范化便利化的指导意见》，《中华人民共和国国务院公报》2022 年第 5 号。

交纸质材料，用服务水平作为衡量数字政府建设成果的标准，督促有关部门有效利用数字政府的建设成果。

四、行政许可立法是优化营商环境的落实

习近平总书记强调，改革和法治如鸟之两翼、车之两轮，相辅相成、相伴而生。在优化营商环境的背景下推进行政审批制度改革与"放管服"改革，离不开法治的支持与保障。在确定改革的措施与方案时，应当注意改革决策与立法决策的统筹推进，做到重大改革于法有据。在改革过程中经过实践检验证明成熟有效的改革举措，也应当尽快上升为法律。参照《优化营商环境条例》的立法进程，首先由部分地区制订实验性质的地方条例，在将各地成功的经验进行总结的基础之上制订国务院条例，各地再根据中央文件结合本地实际情况制订新条例或者修改既有条例，由此形成良性的循环。《行政许可法》也应当对改革过程中行政许可相关事务总结出的成功经验进行认可，当然，《行政许可法》是对所有行政许可行为进行统一规范的基础性立法，不必也不可能对各项制度作出"事无巨细"的规定。[①] 目前，我国尚未出台《行政许可法》的实施条例，对于行政许可的具体实施要求散见于地方政府的规章或者内部文件之中，这些文件的效力层级较低且可能造成实质性的地方差异，有鉴于此，未来由国务院出台统一的《行政许可法》实施条例存在一定的必要性与合理性。

通过行政许可立法落实优化营商环境背景下改革成功经验的另一个困难在于法概念体系的冲突。早在《行政许可法》颁布以前，围绕"审批"与"许可"概念关系的争论已然存在，既存在认为行政许可与行政审批是对同一现象不同表述的等同说，也存在行政审批包含行政许可的包含说，还存在认为二者分属不同行政行为的并列说。后来《国务院关于投资体制改革的决定》（国发〔2004〕20号）和《国务院办公厅关于保留部分非行

---

① 朱志毅：《由良法到善治：行政审批改革与〈行政许可法〉的对接及发展》，《行政法论丛》2014年第2期。

政许可审批项目的通知》（国办发〔2004〕62 号）分别提出"核准或备案可以不构成行政许可"以及"非行政许可审批"，由此使得行政许可被限缩为行政审批的组成部分，以至于后来的实践中行政许可立法与行政审批制度改革"两张皮"，一些行政审批项目则以备案、核准等名义逃脱法律规制，"成为销蚀《行政许可法》实施成效的一股强有力的力量"①。直至2015 年《国务院关于取消非行政许可审批事项的决定》（国发〔2015〕27 号）的出台，才真正终结了"非行政许可审批项目"这一审批类别，将之取消或者调整为内部审批，但是以登记、备案等名义要求申请人获批后方可从事特定活动的变相许可问题却长久存在，成为影响营商环境的重要因素。

第三节　优化营商环境视域下行政许可立法的理念革新

一、持续深化"放管服"改革

近年来，我国经济发展局势复杂严峻，经济下行压力持续增加，对土地财政的长期依靠导致财政端难以为继，城投债的违约压力又成为新的燃眉之急。在新旧动能转换尚未完成的特殊时期，已经不能再走靠政府投资拉动经济发展的强刺激、粗放式的老路，而要靠激发市场主体的积极性与创造性来促进就业、拉动消费，为此营造一个良好的营商环境是必要的。问题在于，目前政府职能转变尚在推进过程中，一些应当进行管理的事务还没有管好，一些可以交由市场自行调节的事务还在管控之中，这就需要通过"放管服"改革来优化营商环境，降低市场主体的准入门槛，破除束缚市场主体活力的枷锁。从外部环境来看，当前国际竞争愈发激烈，而国际竞争很大程度上就是营商环境的竞争，随着"放管服"改革的推进，我

---

① 　冯威、朱恒顺：《认真对待"非行政许可审批"》，《政法论丛》2009 年第 1 期。

国的营商环境不断改善，世界银行 2020 年评估报告显示中国的营商环境排名已经上升至世界第 31 位，部分指标更是进入了全球先进行列。

"放管服"改革主要包括简政放权、放管结合与优化服务三部分，其中简政放权就是以减少行政审批为主要抓手，将市场可以自行调整的事项交还给市场，减少政府对经济活动的微观管理和直接干预。一方面，行政许可作为行政审批的重要内容，在相关立法中也应当体现出"简政放权"的理念；另一方面，对行政许可的监督检查以及提高行政许可效率、提供优质服务原本就是《行政许可法》的固有内容，通过放管结合、优化服务，把该由政府管的事管好管住，促进公平竞争、弥补市场失灵，从而使市场在资源配置中起决定作用，也是行政许可立法的应有之义。

二、以转变政府职能为核心的放权理念

转变政府职能，关键是处理好政府和市场关系。《中共中央　国务院关于加快建设全国统一大市场的意见》提出，"坚持市场化、法治化原则，充分发挥市场在资源配置中的决定性作用，更好发挥政府作用，强化竞争政策基础地位，加快转变政府职能"。在自由、公平竞争状态下，市场是配置资源最有效的手段，政府的作用在于维护竞争秩序，进行宏观调控，保障市场在资源配置过程中的有效性。行政审批是市场与政府的交汇点，也是传统计划经济体制下政府进行经济社会控制的重要手段，改革开放后社会主义市场经济要求建立与之相适应的行政管理体制，高度集权的行政审批制度必然需要改变。20 世纪后半叶行政审批改革的重点就在于简政放权，在这一时期行政审批权主要在政府内部的不同层级之间进行调整，更多的是权力的下放而非取消。进入 21 世纪后，国务院明确提出取消一部分行政审批，由市场机制代替，通过市场机制运作，对于继续保留的行政审批建立健全监督制约机制。在"放管服"改革的背景下，对行政许可事项的进一步清理和取消与行政许可权的下沉共同构成行政审批改革深化的重要内容。

行政许可事项的清理实质是将原本的许可事项直接放权给社会与市

场，把市场和社会该管的、能管的交给市场和社会。近年来，行政许可事项的清理成果斐然，国务院分 13 批取消下放 737 项国务院部门行政许可事项，分 7 批取消中央指定地方实施行政许可事项 361 项，行政许可的清单制度也已经初步建立。然而，实践中清单之外别有洞天的现象仍然存在，绝大多数备案徒有其名，有些部门、有些地方为备案制作了备案证书、备案号，开展活动之前必须要取得备案机关的同意，以备案之名行审批之实。① 行政许可立法应当将这种变相许可的整治纳入法治范畴，首先就需要树立以政府职能转变为核心的放权理念。

行政许可权的下沉是指将许可职权分配给较低层级的行政机关，包括将许可职权从中央下沉至地方来行使，也包括在地方进一步将许可职权分配于基层的行政机关。行政许可权的下沉必须是一种权责对等的下沉。一方面，权力的下沉不是让上级政府当甩手掌柜，上级政府需要密切关注基层对于权力的运用是否合法合规，是否有利于营商环境的优化，并及时为基层提供指导和支持，不能将放权异化为"推责"；另一方面，基层政府取得更大的自主权后应当更好地发挥权力效能，为辖区的市场主体提供更高效、优质的服务。

三、以社会信用体系为内容的监管理念

党的二十大报告强调，"完善……社会信用等市场经济基础制度，优化营商环境"。将营商环境按照环境因素划分，主要包括政务环境、商务环境、司法环境和社会人文环境，而《社会信用体系建设规划纲要（2014—2020 年）》中信用体系的建设也分为政务诚信、商务诚信、社会诚信、司法公信，这与营商环境的四个方面恰好对应，由此可以看出信用环境与营商环境是互相成就、互相映射的关系。在市场经济条件下，不同主体之间既存在竞争又存在合作，由于信息不对称、人的有限理性等原

---

① 王静：《以落实行政许可事项清单为契机纵深推进行政审批制度改革》，http://www.news.cn/politics/2022—02/16/c_1128379854.htm，2023 年 10 月 27 日。

因，平衡不同主体之间的竞争与合作关系是极度困难的。而信用制度的建立可以将阻碍交易的因素影响降至最低，而交易成本的降低正是市场秩序稳定的标志。从这个角度来讲，信用制度作为市场主体之间进行交易的规则不仅仅是道德规范的约束，更是出于利益的必然选择。

不同于域外立法将社会信用局限于交易信用，我国社会信用的内涵已经从经济层面的"守约"拓展至法治层面的"守法"状态，个别地区还将"在社会和经济活动中履行法定职责"的状态纳入社会信用范畴。从语义解释的角度出发，信用是获得信任的资本，广义的信用包含包括"诚信度""践约度""合规度"在内的三维信用，分别对应获取社会公众的信任、获得交易对象的信任与获得管理者的信任。[①] 信用体系建设与深化"放管服"改革、优化营商环境在实践工作中紧密结合，我国正在探索构建以信用为基础的新型监管机制[②]，社会信用体系从私法向公法的扩张为行政许可立法嵌入以信用监管为内容的监管理念提供了理论基础。在行政许可领域，信用监管的重点在于告知承诺制的运用，应当根据申请人的信用状况确定是否免予核查以及核查方式，在核查与日常监管中发现的承诺不实行为需要及时查处，责令限期整改或者给予行政处罚，并纳入信用记录。

四、以数字政府建设为基础的服务理念

2020 年 11 月，习近平主席在亚太经合组织第 27 次领导人非正式会议上首次提出"数字营商环境"。近年来，随着区块链、大数据、人工智能等科技革命的产物迅速发展，国家也在逐步推进政府部门运用现代信息科技推动政府职能改革、加速经济转型与社会治理模式创新，各级地方政府运用数字技术开展了"网上办理""一网通办"等一系列政务服务改革。例如，《广西壮族自治区优化营商环境条例》规定：企业可以通过广西数

---

① 吴晶妹：《三维信用论》，清华大学出版社 2016 年版，第 29～35 页。
② 刘波：《积极构建信用监管新格局》，《小康》2023 年第 12 期。

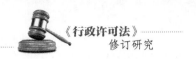
字政务一体化平台申请注销，由市场监督管理、税务、人力资源和社会保障等部门分类处置、同步办理、一次办结相关事项；上海、深圳、黑龙江、河北等地优化营商环境条例均提到了建设在线政务服务平台。数字营商环境的建设顺应了数字技术发展的时代趋势，开拓了优化营商环境的新路径。

　　传统模式下，政务服务的提供总是由政府的各职能部门按照职责分工来完成，由此使得政府部门提供政务服务的碎片化问题，市场主体与政府的交互过程中的行政负担较重。① 政府部门通过一体化政务平台、智能搜索引擎等数字化互联网政务平台建设，消解了不同政府部门之间"烟囱林立"的数据孤岛问题，市场主体可以根据自身需求办理相关业务，实现"数据多跑腿、群众少跑腿"。2022 年 2 月，世界银行发布的最新版营商环境评价体系《宜商环境报告》文件，"法治化"依然是各二级指标的重点考察因素，并新增了"数字技术"作为跨领域主题。可见，法治在营商环境建设中具有引领、推动、规范和保障作用，打造优质的数字营商环境离不开法治。② 《行政许可法》第 6 条规定"实施行政许可，应当遵循便民的原则，提高办事效率，提供优质服务"，数字时代行政许可服务质效的提升在相当程度上依靠数字技术的赋能，行政许可立法需要助力法治政府与数字政府建设的深度融合。

第四节　优化营商环境背景下《行政许可法》修改的回应

　　2019 年 4 月 23 日，第十三届全国人民代表大会常务委员会第十次会议通过了 8 部法律的修订。此外，国务院修订了多部行政法规，最高人民法院则发布有关破产、中小投资者保护等多个司法解释。这些法律规则的修订，是顺应世界银行评估而做出的制度性变革，为促进 2020 年世界银

---

　　① 周伟：《数据赋能：数字营商环境建设的理论逻辑与优化路径》，《求实》2022 年第 4 期。
　　② 石佑启、陈可翔：《法治化营商环境建设的司法进路》，《中外法学》2020 年第 3 期。

行评估中中国营商环境排名的大幅提升发挥了作用。[①] 为进一步提升全国范围内营商环境，在行政法规国务院优化营商环境条例基础上，需要继续将营商环境法治化提升到国家法律层面。目前，制定优化营商环境法的难度较大，单独立法一定程度上也是浪费立法资源。为加强全国统一法制，建议通过修改行政许可法的方式，增加对新制度的包容，确定修改的理念方向、规则方向。

一、强化行政许可领域政府各部门间的业务协同

"徒法不足以自行"，法律欲实现其调整社会的目的，终究还是要依靠人的能动作用。《行政许可法》对于行政许可的设定权限进行了细致、严格的规定，但是对于行政许可的实施仅规定了依职权行使、委托行使、授权行使等原则性内容，这符合实践中行政许可涉及多次层级、多领域政府部门的实际情况，也为"放管服"改革中行政许可权的下沉留有余地，但是同时也可能造成不同部门之间的对接、协同出现罅隙。在"放管服"改革的大背景下，行政许可的审批、监管、服务紧密联系在一起，相对集中行使行政许可权后，原本由各行业领域部门实施的行政许可被集中到行政审批局等部门统一行使，由此势必产生审批与监管职责的分离。如果不能妥善处理行政许可领域政府各部门之间的业务协同，就会出现各方争夺管辖建设工程等利益较大的领域，而又互相推诿无利可图的项目的局面，进而产生管辖真空或者政出多门。

为发挥政府简政放权、放管结合、优化服务职能。一方面，要在行政许可法中从源头开始做好顶层设计，将国务院及各地颁布的营商环境条例系统梳理，将改革中好的经验和做法上升到《行政许可法》修改中，保证制度设计的合理性和可操作性，尽可能消除模糊和兜底的条款要求。另一方面，要建立健全科学合理的权责体系以及部门间的沟通协调机制。在减

---

① 罗培新：《世界银行营商环境评估：方法·规则·案例》，南京译林出版社 2020 年版，第 14 页。

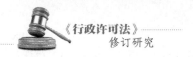

权放权的过程中，除了要明确"第一责任"的职责单位，还要明确各配合部门的职责、监管部门的职责，确保下放事项承接到位、执行到位。打破原有各部门"各自为政"的局面，实现各部门业务协同，提高办事效率。

二、建立行政许可领域营商环境的评价机制

营商环境指标具有指引作用，开展指标考核对营商环境优化作用明显。依据国务院《优化营商环境条例》，国家将建立和完善以市场主体和社会公众满意度为导向的营商环境评价体系。为确保能规范开展营商环境评估工作，设定促进经济发展作用的指标，需要将此要求列入当地政府的职责，可以以省为统筹协调的主体，细化当地的营商环境目标及实现目标的措施、办法，确保各省营商环境的均衡发展，进而推动全国整体营商环境的提升。目前，多层级、多主体的营商环境的评价体系已经基本建立：2022 年 12 月，世界银行发布了最新的《宜商环境评估体系概念说明》，标志世界银行对全球商业环境评估进入新阶段；2018 年国务院首次提出中国营商环境评价，2020 年国家发改委发布我国营商环境评价领域首部国家报告《中国营商环境报告 2020》；在地方层面，广东、四川、湖南、海南等地均在借鉴世界银行营商环境评价、中国营商环境评价指标体系的基础之上进行了省级的营商环境的评价工作。

《行政许可法》第 20 条规定了行政许可的评价机制，设定机关应当定期对其设定的行政许可进行评价，实施机关可以对已设定的行政许可的实施情况及存在的必要性适时进行评价并报告设定机关，社会公众可以就许可的设定和实施提出意见和建议。但是该条内容过于原则化，既未提供明确的评价标准，也未规定具有可操作性的程序规范，而对于行政许可切身利益相关的部门并没有主动评价行政许可合理性、必要性的动机，如此一来实践中行政许可的评价制度往往处于休眠状态。目前进一步清理行政许可事项的阻力较大，激活行政许可的评价制度，乃至将行政许可的评价与营商环境评价指标体系进行融合，是行政许可立法对优化营商环境进行回应的有效措施。其中，行政许可作为优化营商环境的重点工程，以市场主

体和社会公众满意度为导向的评价体系也应当在一定程度上影响对行政许可的评价，未来在行政许可评价标准的制定过程中，应当将社会公众与市场主体对于许可事项的意见作为一项考察因素，将批评建议权转化为实在的促进动力。

三、确立"明确规定"原则防范行政许可不当联结

现实中之所以会出现办理户口迁移手续要提供母亲结扎证明等令人啼笑皆非的案例，是因为现有的法律缺少有效防范行政执法不当联结的制度设计。现实中行政执法不当联结主要发生在行政相对人有求于行政机关的场合，并集中于行政许可领域。针对这一问题，《优化营商环境条例》第35条规定"没有法律法规、规章依据，不得增设政务服务事项的办理条件和环节"，但是行政机关对行政相对人所要求的义务往往确实具有法律、法规依据，而问题在于这些法律法规依据与相对人申请的许可没有关系。另外一方面，大量的行政许可设定条款中都有兜底条款存在，这些兜底条款也为行政法律规范不当联结提供了似是而非的法律依据。为了解决这一问题，2014年11月5日的国务院常务会议给出了明确的说明："对法律法规未明确规定为前置条件的，一律不再进行前置审批。"[1] "明确规定"这一概念意味着，行政机关如欲将法律规定的有关要求作为行政许可的条件，必须具有法律明示的联结关系。建议将"明确规定"要求写入行政许可立法，即"对法律法规未明确规定涉企经营许可事项为许可条件的，一律不得作为许可条件"。

四、厘清"行政许可"与审批、备案等行为之间的边界

前文已经讨论过《行政许可法》立法与行政审批制度改革的概念模糊问题，通过对实在法的解释厘清不同概念之间的边界，进一步明确《行政

---

① 《李克强主持召开国务院常务会议》，http://cpc.people.com.cn/n/2014/1106/c64094-25983149.html，2023年9月15日。

许可法》的调整范围，弥补现行行政许可制度的空缺，是最具有可行性的解决方式。

《行政许可法》第 2 条将行政许可定义为"行政机关根据公民、法人或者其他组织的申请，经依法审查，准予其从事特定活动的行为"。尽管该定义比较抽象，但是依然可以总结出"行政许可"的本质：依申请对法律一般禁止的解除，行政相对人由此获得从事某种活动的资格或权利。首先需要承认的是，从《行政许可法》的法律文本以及整个行政行为法律体系的融贯性来看，行政许可并不能周延地包含所有行政审批行为。《行政许可法》第 3 条明确将行政机关内部事项的审批行为排除在行政许可的范畴之外，"非行政许可审批项目"被取缔后，一部分相关项目被调整为内部审批，由此也可见行政许可并不周延。因而，行政许可应当作为行政审批的一个下位概念。值得注意的是，《行政许可法》第 12 条列举了可以设定行政许可的事项，同时也将"允许从事特定活动"的行政许可行为与"认可资格资质"的行政确认行为相区别开来。[①] 未来《行政许可法》或者是配套制度的制定过程中，应当明确认定"行政许可"的穿透性思维，即只要是行政机关或者其委托、授权部门对外部做出的具有授权性质的审批行为，无论该行为以备案、登记、审核抑或其他名义设立，都应当将相关行为统一纳入《行政许可法》的规制范围。

---

① 朱志毅：《由良法到善治：行政审批改革与〈行政许可法〉的对接及发展》，《行政法论丛》2014 年第 2 期。

附录

表1 省级优化营商环境地方性法规汇总表

序号	法规名称	通过时间	修订时间与废止	实施时间	章节和条目
1	河北省优化营商环境条例	2017.12.1	/	2018.1.1	总则、优化政务环境、优化市场环境、优化法治环境、监督保障、法律责任、附则，共七章65条
2	吉林省优化营商环境条例	2019.5.30	/	2019.5.30	总则、优化市场环境、优化政务环境、优化法治环境、监督保障、法律责任、附则，共七章73条
3	辽宁省优化营商环境条例	2019.7.30	2016年的《辽宁省优化营商环境条例》同时废止。	2019.10.1	总则、公平竞争市场环境、高效便利政务环境、规范公正法治环境、诚信开放人文环境、法律责任、附则，共七章65条
4	天津市优化营商环境条例	2019.7.31	/	2019.9.1	总则、政务环境、市场环境、法治环境、人文环境、监督保障、法律责任、附则，共第八章73条
5	广西壮族自治区优化营商环境条例	2020.5.19	/	2020.7.1	总则、市场环境、政务服务、监管执法、法治保障、附则，共六章76条
6	河南省优化营商环境条例	2020.11.28	/	2021.1.1	总则、优化市场环境、优化政务环境、优化法治环境、优化宜居宜业环境、营商环境工作监督、法律责任、附则，共八章90条

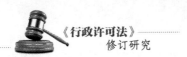
续表

序号	法规名称	通过时间	修订时间与废止	实施时间	章节和条目
7	江苏省优化营商环境条例	2020.11.27	/	2021.1.1	总则、市场环境、政务服务、监管执法、法治保障、附则，共六章82条
8	江西省优化营商环境条例	2020.11.25	/	2021.1.1	总则、市场主体保护、市场环境、政务服务、监管执法、法治保障、附则，共七章70条
9	山东省优化营商环境条例	2020.9.25	/	2021.1.1	总则、市场环境、政务环境、法治环境、监督保障、法律责任、附则，共七章67条
10	山西省优化营商环境条例	2020.1.18	/	2020.3.1	总则、优化审批、市场环境、政务服务、监管执法、法治保障、附则，共七章59条
11	陕西省优化营商环境条例	2018.3.31	2020.11.26	2021.1.1	总则、市场主体保护、市场环境、政务服务、监管执法、法治保障、附则，共七章77条
12	贵州省优化营商环境条例	2021.11.26	2017年的《贵州省外来投资服务和保障条例》同时废止。	2022.1.1	总则、市场主体保护、市场环境、政务环境、监管执法、法治保障、附则，共七章80条
13	海南自由贸易港优化营商环境条例	2021.9.26	/	2021.11.1	39条未分章
14	青海省优化营商环境条例	2021.7.28	/	2021.10.1	总则、市场环境、政务服务、监管执法、法治保障、附则，共六章60条
15	上海市优化营商环境条例	2020.4.10	2021.10.28	2020.4.10	总则、市场环境、政务服务、公共服务、监管执法、法治保障、法律责任、附则，共八章80条

序号	法规名称	通过时间	修订时间与废止	实施时间	章节和条目
16	四川省优化营商环境条例	2021.3.26	/	2021.7.1	总则、市场环境、政务服务、法治保障、附则，共五章77条
17	重庆市优化营商环境条例	2021.3.31	/	2022.7.1	总则、市场环境、政务服务、法治保障、附则，共五章80条
18	北京市优化营商环境条例	2020.3.27	2022.8.29	2020.4.28	总则、市场环境、政务服务、监管执法、法治保障、附则，共六章83条
19	福建省优化营商环境条例	2022.3.30	/	2022.5.1	总则、市场环境、政务服务、监管执法、法治保障、法律责任、附则共七章68条
20	广东省优化营商环境条例	2022.6.1	/	2022.7.1	总则、市场和要素环境、政务服务、法治环境、监督保障、附则，共六章66条
21	黑龙江省优化营商环境条例	2019.1.18	2022.12.22	2023.3.31	总则、政务环境、守信承诺、市场环境、开放环境、法治环境、监督保障、法律责任、附则，共九章104条
22	湖北省优化营商环境条例	2022.11.25	《湖北省优化经济发展环境条例》同时废止。	2023.3.1	总则、市场环境、开放环境、政务服务、法治保障、附则，共六章61条
23	宁夏回族自治区优化营商环境条例	2022.4.18	/	2022.6.1	总则、市场环境、政务服务、公共服务、监管执法、法治保障、法律责任、附则，共八章70条
24	云南省优化营商环境条例	2022.9.28	/	2022.12.1	总则、市场主体培育和保护、政务环境、创新环境、市场环境、法治环境、人文环境、法律责任、附则，共九章72条

表 2　设区市优化营商环境地方性法规汇总表

序号	法规名称	通过时间	实施时间	章节和条目
1	辽阳市优化营商环境条例	2017.11.29 辽阳市 2018.1.19 辽宁省	2018.2.1	共24条未分章
2	阜新市优化营商环境条例	2018.10.30 阜新市 2018.11.28 辽宁省	2019.3.1	总则、优化政务环境、优化市场环境、优化法治环境、附则，共五章34条
3	广州市优化营商环境条例	2020.10.28 广州市 2020.11.27 广东省	2021.1.1	总则、市场环境、政务环境、人文环境、法治环境、法律责任、附则，共七章92条
4	青岛市优化营商环境条例	2020.11.18 青岛市 2021.1.28 山东省	2021.3.1	总则、市场环境、政务服务、监管执法、保障与监督、法律责任、附则，共七章56条
5	商丘市优化营商环境条例	2020.2.28 商丘市 2020.3.31 河南省	2020.4.30	总则、优化政务环境、优化市场环境、优化法治环境、监督保障、法律责任、附则，共七章37条
6	深圳经济特区优化营商环境条例	2020.11.29	2021.1.1	总则、市场主体、政务服务、经营环境、融资便利、规范监管、权益保障、法律责任、附则，共九章130条
7	鞍山市优化营商环境条例	2021.9.3 鞍山市 2021.9.29 辽宁省	2021.11.1	总则、优化市场环境、优化政务环境、优化法治环境、优化人文环境、法律责任、附则，共七章70条
8	滁州市优化营商环境条例	2021.10.29 滁州市 2021.11.19 安徽省	2022.1.1	总则、商事服务环境、政务服务环境、法治保障环境、附则，共五章50条
9	德州市优化营商环境条例	2021.7.27 德州市 2021.9.30 山东省	2022.1.1	总则、市场环境、政务服务、法治环境、监督保障、附则，共六章49条
10	济南市优化营商环境条例	2021.12.10 济南市 2022.1.21 山东省	2022.3.1	总则、市场环境、政务环境、法治环境、宜居环境、工作监督、法律责任、附则，共八章69条
11	厦门经济特区优化营商环境条例	2021.12.31	2022.3.1	总则、市场环境、政务服务、产业发展环境、人文环境、国际化环境、法治环境、规范监管、附则，共九章89条

续表

序号	法规名称	通过时间	实施时间	章节和条目
12	汕头经济特区优化营商环境条例	2021.9.28	2021.11.1	总则、市场环境、政务服务、法治保障、法律责任、附则,共六章61条
13	苏州市优化营商环境条例	2021.10.25 苏州市 2021.12.2 江苏省	2022.3.1	总则、市场环境、政务环境、人文环境、法治环境、附则,共六章63条
14	烟台市优化营商环境条例	2021.10.28 烟台市 2021.12.3 山东省	2022.1.1	共23条未分章
15	湛江市优化营商环境条例	2021.12.31 湛江市 2022.3.29 广东省	2022.5.1	总则、政务服务、市场活力、开放创新、法治保障、附则,共六章60条
16	驻马店市优化营商环境条例	2021.10.22 驻马店市 2021.11.27 河南省	2022.3.1	总则、市场环境、政务环境、法治环境、法律责任、附则,共六章38条
17	安庆市优化营商环境条例	2022.10.28 安庆市 2022.12.15 安徽省	2023.3.1	总则、市场环境、产业环境、政务环境、法治环境、法律责任、附则,共七章46条
18	滨州市优化营商环境条例	2022.10.28 滨州市 2022.12.21 山东省	公布之日	总则、市场环境、政务环境、产业发展环境、法治环境、监督保障、附则,共七章44条
19	成都市优化营商环境条例	2022.10.27 成都市 2022.12.2 四川省	2023.1.1	总则、市场环境、政务环境、法治环境、附则,共五章72条
20	淮北市优化营商环境条例	2022.6.24 淮北市 2022.7.29 安徽省	2022.10.1	总则、市场环境、政务环境、法治环境、附则,共五章36条
21	济宁市优化营商环境条例	2022.12.17 济宁市 2023.1.10 山东省	2023.4.1	总则、市场环境、政务环境、法治环境、人文环境、附则,共六章57条
22	开封市优化营商环境条例	2021.10.26 开封市 2021.12.28 河南省	2022.2.1	共38条未分章
23	临沂市优化营商环境条例	2022.12.13 临沂市 2023.1.10 山东省	2023.3.1	总则、市场环境、政务环境、法治环境、人文环境、法律责任、附则,共七章74条

续表

序号	法规名称	通过时间	实施时间	章节和条目
24	南阳市优化营商环境条例	2022.6.22 南阳市 2022.7.30 河南省	2022.10.1	总则、市场环境、政务服务、法治保障、法律责任、附则，共六章47条
25	平顶山市优化营商环境条例	2022.4.27 平顶山市 2022.5.26 河南省	2022.8.1	共38条未分章
26	宿州市优化营商环境条例	2022.9.21 宿州市 2022.11.18 安徽省	2023.1.1	共23条未分章
27	芜湖市优化营商环境条例	2022.12.1 芜湖市 2022.12.15 安徽省	2023.7.1	总则、市场环境、产业环境、政务环境、人文环境、法治环境、附则，共七章34条
28	枣庄市优化营商环境条例	2022.8.30 枣庄市 2022.9.21 山东省	2022.11.1	总则、市场环境、政务服务、法治环境、法律责任、附则，共六章55条
29	池州市优化营商环境条例	2023.6.20 池州市 2023.7.28 安徽省	2023.10.1	共30条未分章
30	石家庄市优化营商环境条例	2022.12.5 石家庄 2023.3.30 河北省	2023.5.1	总则、市场环境、政务环境、产业发展环境、法治环境、监督保障、法律责任、附则，共八章66条
31	无锡市优化营商环境条例	2023.3.1 无锡市 2023.3.30 江苏省	2023.5.1	总则、市场环境、政务服务、监管执法、人文环境、法治保障、附则，共七章88条
32	云浮市优化营商环境条例	2022.12.6 云浮市 2023.2.10 广东省	2023.3.15	共31条未分章

表3 市场主体保护及市场环境领域

条例名称	市场主体及准入	市场经营与服务	权利保障与市场退出
国务院《优化营商环境条例》	市场主体依法平等使用生产要素	自主经营权；财产权保护；知识产权惩罚性赔偿制度；中小投资者权益；政府采购及招投标标依法公平公开	进退行业协会自由；市场主体维权服务平台
《河北省优化营商环境条例》	市场主体平等，统一市场准入和监管；保护自主经营权；实行负面清单制度，推行注册资本认缴，多证合一、一照一码、先照后证，企业登记全程电子化等制度	规范市场主体、规范政府行为，公用企业应当建立优化营商环境服务规则，取消政府部门设定的区域性、行业性或者部门间中介机构执业限制，建立中介机构惩戒和退出机制，行业协会、商会应当完善自律性管理约束机制	政府严守民事合同；行会、商会自律约束企业注销登记，建立中介退出机制，实行跨地域、跨部门，跨行业的守信联合激励和失信联合惩戒制度，对有违法及失信人员取消参加评先评优资格，及时撤销其已获得的荣誉称号
《陕西省优化营商环境条例》	市场主体平等待遇，民间资本进入保障，外商投资准入前国民待遇制度；实行负面清单制度	市场主体自主经营，规范政府行为，企业有权申请审查规范性文件，制定证明事项和盖章环节清单，帮扶中小企业，推进公平竞争	知识产权保护，禁止资质质变相认定，企业注销登记。促进省政府建立健全举报机制，建立主体统一维权平台，引导建立专利预警制度
《黑龙江省优化营商环境条例》	"新官必须理旧账"，市场主体除禁止外准入，实行负面清单制度	公共资源交易平台，财政资金支持，费用减免规定前后不一的按有利于市场主体的原则；完善社会信用信息共享平台；金融机构应当创新惠及小微企业的产品	规范行政部门，公安机关，司法机关行为，应当取消违规收费，建立企业退会，中介退出机制
《辽宁省优化营商环境条例》	市场主体平等，禁止设置不合理的限制或者排斥条件。实行负面清单制度，开办企业证照分离制度，企业开办流程不得超过3个工作日	推进涉税服务事项网上办理，规范金融收费，建立政府性融资担保并编制融资收费，公共资源交易平台整合；产权保护，建立知识产权运营平台；建立项目管家制度；税率标准征求市场主体意见	政府有关部门加强监管为市场主体提供满足许可用条件的指导服务，优化企业注销流程

续表

条例名称	市场主体及准入	市场经营与服务	权利保障与市场退出
《天津市优化营商环境条例》	市场主体平等；实行负面清单制度，创办企业；规范行政许可过程中的中介服务行为，编制行政许可中中介服务清单目录	维护公平竞争市场秩序；金融机构扶持；跨境贸易，降低成本，提高审批效率；营造企业家健康成长环境，完善创新创业环境	加强政务诚信建设，保持政策的连续和稳定，造成损失的依法补偿；优化企业注销办理流程
《吉林省优化营商环境条例》	市场主体平等，实行负面清单制度，不得设定地方保护、隐性壁垒等不合理条件，建立中介服务承诺要合同及惩戒和淘汰机制，引资承诺商事合同法书面作出，依法履行商事合同	规范政府行为，支持融资、产融合作对接，健全守信联合激励机制，涉企收费清单制度；已取消审批不得转让为中介服务；禁止金融机构收承诺资金管理费；行会、商会不得变相认定资质；公用企业降低价格	建立中介淘汰制，规定不得对市场主体实施惩罚为的清单，健全守信联合责同制，建立政府违戒失信同责机制
《北京市优化营商环境条例》	所有制经济平等，制定产业发展政策和渐增产业禁止准入和限制目录，简化市场主体注册登记手续	推进科技、文化重点产业发展，健全知识产权保护、协调有关金融机构和中介机构，动产担保登记，规范区域性股权市场，实资情况，减税降费政策，中小股东权益保护，公共资源交易活动，履约合同，行业协会商会	企业注销
《上海市优化营商环境条例》	市场主体平等，完善公共服务管理制度，外商投资试验性政策措施，推动建立统一的市场准入和监管，企业登记，推动形成要素自由流动的统一开放市场	动产担保登记制度，设立中小微企业政策性融资担保基金，产业园区建设；公平竞争工作协调机制，中小企业及其投资者保护，证照分离，目录清单管理，行业协会、商会，履行合同，知识产权保护，构建覆盖企业全生命周期的服务体系，对标国际高标准推投资贸易规则，推进贸易便利化	企业注销

续表

条例名称	市场主体及准入	市场经营与服务	权利保障与市场退出
《深圳经济特区优化营商环境条例》	支持设立符合条件的外资金融机构，如：证券和基金管理公司	明确外商投资管理原则	引入个人破产制度，建立市场主体注销网上服务平台
《广西壮族自治区优化营商环境条例》	简化市场主体注册登记手续，建立人才引进创新措施；建立拖欠账款行为约束惩戒机制，推动形成纳税信用贷款，共同优化营商环境，建立跨省域合作机制	公共资源交易平台，互联互通和信息共享；推广投标保证金和履约保证金使用电子保函；涉及政府指导性收费实行目录清单管理；引导金融机构支持民营中小企业，通过上市融资支持企业发展，公用事业收费公示及办理优化	通过广西数字政务一体化平台申请注销，简易注销登记程序；理顺知识产权跨区域管理和执法机制；健全知识产权保护与司法保护衔接机制，探索开展知识产权公益诉讼，完善知识产权维权援助机制

表 4 法治营商环境比较表

条例名称	制度供给环境	依法行政环境	司法规范环境
《河北省优化营商环境条例》	制定市场准入、产业发展、招商引资、招标投标、政府采购、经营行为规范、资质标准等涉及市场经济活动的地方性法规、规章、规范性文件和其他政策措施	行政执法公示、公开有关行政执法信息，重大执法决定进行法制审核，不得随意变更、撤回、撤销已生效行政决定，编制年度行政执法检查计划、罚没分离和收支两条线，规范限产、停产等应急管理措施，开展公平竞争审查	建立调解、仲裁、诉讼相衔接的商事纠纷解决机制，为市场主体提供多元化纠纷解决渠道。行政机关应当依法履行生效法律文书、调解决定书、行政复议决定书，并将其作为依法考核指标体系的重要内容
《陕西省优化营商环境条例》	规范性文件	改革行政审批制度，规范行政许可、处罚、检查、执法	规范公安机关办案行为，规范司法机关，建立权力清单制度、行业组织约束机制

续表

案例名称	制度供给环境	依法行政环境	司法规范环境
《黑龙江省优化营商环境条例》	规范地方性法规、规章、行业规划、产业政策和其他规范性文件	规范行政检查、应急管理措施	各主体履行确定的义务、多元化纠纷解决方式、公共法律服务中心
《辽宁省优化营商环境条例》	规范规范性文件、建立健全行政许可评估和清理制度、重大行政处罚应当经过合法性审查、实行罚缴分离和收支两条线管理制度	规范行政许可、行政执法、行政强制、经济决策，规范营商环境建设主管部门，合理采纳建议。编制年度行政执法征求、合理采纳建议、涉政府经营服务性收费项目录清单管理、每年依法核定	人民法院执行难问题、执行监督、清单目录制度、调解、行政复议、仲裁、诉讼相衔接的纠纷解决机制、公共法律服务体系建设
《天津市优化营商环境条例》	规范性文件制定充分听取合理意见并吸收采纳、规范、细化行政处罚自由裁量权标准并公示	规范行政执法、行政检查及应急管理措施、办理破产、保护商业秘密，合并多项检查、实施联合检查、采取限产、停产等应急管理措施要严格依法	知识产权行政保护与司法保护的衔接；依法公正高效做好审判、检察和执行工作、完善调解、仲裁、行政裁决和诉讼等多元化纠纷解决机制
《吉林省优化营商环境条例》	规范地方性法规、政府规章和其他规范性文件、定期开展评估并清理	规范行政行为、规范行政检查、禁止变相设定行政许可	规范司法机关、法院执行、检察机关检查监督、多元解决方式
《北京市优化营商环境条例》	制定相关政策、规范政策制定、审查、清理有关行政规范性文件	规范行政行为、规范行业管理、规范政府及其工作人员行为、推行分级分类监管制度、违法违规行为举报投诉制度、行政检查单制度、规范行政执法、行政处罚	商事纠纷多元化解决、规范法院执行、规范委托机构、规范公安机关
《上海市优化营商环境条例》	规范性文件、政策制定、审查	规范行政行为、监事事项目录清单、规范行政许可、行政执法、行政强制、行政处罚、随机抽查制	推行意见采纳情况反馈机制、多元化纠纷解决机制、规范法院、检察法院、公安机关行为、营商环境投诉维权机制

表5　监管执法与法律责任比较表

条例名称	监管执法	法治保障
国务院《优化营商环境条例》	市场主体监管全覆盖、监管标准公开，构建以信用为基础的新型监管机制，推行"双随机、一公开"监管，依法慎重实施行政强制。规范行政执法自由裁量权的行使	制度及时修订，听取市场主体意见
《河北省优化营商环境条例》	建立营商环境评价制度，健全评价体系，引入第三方评估机制	行政执法公示、公开有关行政执法信息，重大执法决定进行法制审核，不得随意变更、撤回、撤销已生效行政决定，编制年度行政执法检查计划，罚缴分离和收支两条线，规范限产、停产等应急管理措施，开展公平竞争审查
《上海市优化营商环境条例》	编制监管事项目录清单，异化分类监督；规范联合惩戒名单认定，依法依规开展失信联合惩戒；建立健全审批、监管、执法、司法相互衔接的协同联动机制；探索建立不予实施行政强制措施清单，对行政处罚裁量基准实行动态管理；建立考核、定期报告、协调指导、执法数据共享等方式；支持仲裁和调解机构加入"一站式"国际商事纠纷多元化解决平台；推动完善执行联动机制，试行涉案企业合规第三方监督评估制度	建立健全涉及公平竞争审查投诉举报的受理回应机制；推进完善市场化、法治化的破产制度，建立破产案件财产处置联动机制；探索在生态环境和资源保护、食品药品安全、公共卫生安全等领域建立内部举报人制度，发挥社会监督作用
《吉林省优化营商环境条例》	开展营商环境监督工作，监察机关应当对公职人员和其他受监察法调整的人员执行本条例的情况开展监察。聘请担任营商环境监督员	建立健全损害营商环境行为的投诉举报处理制度，建立健全营商环境建设考核评价制度，确立营商环境评价指标体系
《辽宁省优化营商环境条例》	违法情况纳入诚信档案，并依法采取重点监管、信用预警、失信曝光等惩戒措施	鼓励改革探索，明确免予负面评价与追究责任等具体条件
《天津市优化营商环境条例》	开展监督检查，建立健全投诉查处机制，委托第三方评估开展营商环境状况测评，聘请监督员协助监督；编制联合奖惩措施目录，实施联合奖惩措施	违法情况纳入市场主体信用信息公示系统或者信用信息共享平台，鼓励改革探索，明确免予负面评价与追究责任等具体条件

条例名称	监管执法	法治保障
《广西壮族自治区优化营商环境条例》	结合权责清单编制，全面梳理各级人民政府和部门职责范围内的监管事项，编制监管事项目录清单；推行以信用为基础的分级分类监管制度；实行"双随机、一公开"监管；对新产业、新业态、新技术、新模式等实行包容审慎监管；推行现场检查行政检查单制度；建立健全本行业、本领域行政处罚裁量基准制度	建立健全意见采纳情况反馈机制；制定市场准入、产业发展、招商引资、招标投标、政府采购、经营行为规范、资质标准等涉及市场主体经营活动的规章、行政规范性文件和其他政策措施时，应当进行公平竞争审查；建立规章、行政规范性文件定期评估和清理制度；加强政务诚信建设，建立政府违约失信责任追溯和承担机制；建立破产案件财产处置联动机制；行政处罚外，将违法情况记入信用记录，并依法采取重点监管、失信曝光等惩戒措施

参考文献

一、著作类

［1］姜明安. 行政法与行政诉讼法［M］. 7 版. 北京：北京大学出版社，2019.

［2］国家发展和改革委员会. 中国营商环境报告 2020［M］. 北京：中国地图出版社，2020.

［3］路遥. 中国行政审批权配置研究［M］. 北京：商务印书馆，2021.

［4］罗文燕. 行政许可制度研究［M］. 北京：中国人民公安大学出版社，2003.

［5］何家弘. 证据法学［M］. 北京：法律出版社，2019.

［6］史云贵. 中国现代国家构建进程中的社会治理研究：一种基于公共理性的研究路径［M］. 上海：上海人民出版社，2010.

［7］罗培新. 世界银行营商环境评估：方法·规则·案例［M］. 南京：译林出版社，2020.

［8］马斌. 政府间关系：权力配置与地方治理——基于省、市、县政府间关系的研究［M］. 杭州：浙江大学出版社，2009.

［9］吴晶妹. 三维信用论［M］. 北京：清华大学出版社，2016.

［10］许安标，武增，刘松山，童卫东.《中华人民共和国行政许可法》释

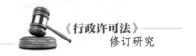

义及实用指南［M］. 北京：民主法制出版社，2003.

［11］习近平. 论坚持全面依法治国［M］. 北京：中央文献出版社，2020.

［12］杨解君. 秩序·权力与法律控制——行政处罚法研究（增补本）［M］. 成都：四川大学出版社，1999.

［13］应松年，杨解君. 行政许可法的理论与制度解读［M］. 北京：北京大学出版社，2004.

［14］叶必丰. 行政法的人文精神［M］. 北京：北京大学出版社，2005.

［15］张兴祥. 中国行政许可法的理论和实务［M］. 北京：北京大学出版社，2003.

［16］张文显. 法哲学范畴研究［M］. 北京：中国政法大学出版社，2001.

［17］张卿. 行政许可：法和经济学［M］. 北京：北京大学出版社，2013.

［18］张红凤. 政府规制经济学［M］. 北京：科学出版社，2023.

［19］周佑勇. 行政法基本原则研究［M］. 2版. 北京：法律出版社，2019.

［20］［英］威廉·韦德. 行政法［M］. 徐炳，译. 北京：中国大百科全书出版社，1997.

［21］［德］哈特穆特·毛雷尔. 行政法学总论［M］. 高家伟，译. 北京：法律出版社，2000.

［22］［美］伯纳德·施瓦茨. 行政法［M］. 徐炳，译. 北京：群众出版社，1976.

［23］［奥］凯尔森. 纯粹法理论［M］. 张书友，译. 北京：中国法制出版社，2008.

二、论文类

［1］白牧蓉. 营商环境优化中公法与私法的协同［J］. 兰州学刊，2022，

（1）：115－129.

[2] 陈端洪. 行政许可与个人自由 [J]. 法学研究，2004，（5）：11.

[3] 常健. 国家治理现代化与法治化营商环境建设 [J]. 上海交通大学学报：哲学社会科学版，2021，29（6）：22－30.

[4] 曹阳昭. "替代性方案"：解困行政许可设定的新路径 [J]. 甘肃社会科学，2014（6）：132－135.

[5] 陈雯. 福建省优化营商环境路径探析——基于行政审批改革的视角 [J]. 经济视角，2020，（6）：88－94.

[6] 陈鹏. 行政决策成本效益分析的多重机制 [J]. 中外法学，2021，33（4）：1103－1119.

[7] 冯向辉，李店标. 市县营商法治环境评价指标体系研究——以黑龙江省为例 [J]. 哈尔滨工业大学学报（社会科学版），2021，23（4）：44－51.

[8] 冯杰. 深化"放管服"改革　优化税收营商环境 [J]. 中国行政管理，2018，（10）：145－147.

[9] 冯威，朱恒顺. 认真对待"非行政许可审批"[J]. 政法论丛，2009，（1）：66－69.

[10] 耿玉基. 法律"被虚置化"：以行政许可法为分析对象 [J]. 法制与社会发展，2016，22（4）：129－148.

[11] 高秦伟. 行政许可与政府规制影响分析制度的建构 [J]. 政治与法律，2015，（9）：61－74.

[12] 高秦伟. 社会自我规制与行政法的任务 [J]. 中国法学，2015，（5）：73－98.

[13] 公丕潜. 营商环境的法治意涵与优化路径——以《黑龙江省优化营商环境条例》为参照 [J]. 哈尔滨商业大学学报（社会科学版），2020，（4）：121－128.

[14] 苟学珍. 地方法治竞争：营商环境法治化的地方经验 [J]. 甘肃行政学院报，2020（4）：：114－123，128.

[15] 郭道晖. 行政许可的设定原则与分类 [J]. 政治与法律，2001（6）：

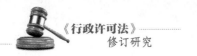

18—22.

[16] 黄海华. 行政许可制度的立法完善探析——以《法治政府建设实施纲要（2021—2025 年)》的出台为背景 [J]. 中国司法，2021 (10)：16—21.

[17] 黄小勇，闫晶，张爱军. 推进相对集中行政许可权改革的思考 [J]. 国家行政学院学报，2011（3）：32—35，66.

[18] 黄学贤. 公共利益界定的基本要素及应用 [J]. 法学，2004，(10)：10—13.

[19] 韩业斌. "容缺受理"制度的合法性释疑 [J]. 宁夏社会科学，2019 (3)：82—88.

[20] 韩阳. 国家治理现代化中的营商环境建设：以政商关系为视角 [J]. 统一战线学研究，2020，4 (1)：39—45.

[21] 韩家平. 信用监管的演进、界定、主要挑战及政策建议 [J]. 征信，2021，39 (5)：1—8.

[22] 贺译葶. 人工智能在信用监管中应用的法律风险及其应对 [J]. 甘肃社会科学，2022，(4)：142—150.

[23] 何显明. 政府转型与现代国家治理体系的建构——60 年来政府体制演变的内在逻辑 [J]. 浙江社会科学，2013 (6)：4—13，156.

[24] 胡建淼，汪成红. 论行政机关对行政许可申请的审查深度 [J]. 浙江大学学报：人文社会科学版，2008，38 (6)：83—92.

[25] 蒋成旭. 何以"惩戒"行政违法：行政赔偿的功能、定位及其哲学基础 [J]. 浙江大学学报：人文社会科学版，2021，51 (5)：227—240.

[26] 金自宁. 地方立法行政许可设定权之法律解释：基于鲁潍案的分析 [J]. 中国法学，2017，(1)：249—267.

[27] 金承东. 案卷排他与看得见的程序作用 [J]. 行政法学研究，2007 (3)：7.

[28] 骆梅英. 优化营商环境的改革实践与行政法理 [J]. 行政法学研究，2020，(5)：68—76.

[29] 李孝猛. 行政许可撤销行为的法律属性 [J]. 华东政法大学学报，2005 (3)：43—47.

[30] 李永纯. 论市场经济就是法治经济 [J]. 中国农业大学学报：社会科学版，2000 (3)：77—81.

[31] 李诗林. 论行政许可设定范围的合理界定——对《行政许可法》第13条的批判性思考 [J]. 行政法学研究，2008 (3)：69—73，121.

[32] 李明超. 行政许可设定的三层次分析 [J]. 河南财经政法大学学报，2019，34 (3)：81—95.

[33] 李燕. 完善政务服务告知承诺制度 推进信用承诺及服务型政府建设 [J]. 宏观经济管理，2021，(3)：46—53.

[34] 林鸿潮. 行政审批制度改革与行政许可效力的类别化扩张 [J]. 中共中央党校（国家行政学院）学报，2019，23 (2)：68—73.

[35] 卢超. 事中事后监管改革：理论、实践及反思 [J]. 中外法学，2020，32 (3)：783—800.

[36] 刘素英. 行政许可的性质与功能分析 [J]. 现代法学，2009，31 (5)：14—19.

[37] 刘剑明，胡悦. 行政审批制度改革法治化的路径选择 [J]. 东北师大学报：哲学社会科学版，2015 (1)：97—102.

[38] 刘品新. 论电子证据的理性真实观 [J]. 法商研究，2018，35 (4)：58—70.

[39] 蔺耀昌，胡丙超. 撤销许可的法律性质及效力研究——以撤销司法鉴定许可为例 [J]. 行政法学研究，2007，(4)：89—94.

[40] 马怀德. 行政许可制度存在的问题及立法构想 [J]. 中国法学，1997，(3)：40—46.

[41] 马怀德. 行政许可、登记行为违法的法律责任 [J]. 法学，2001，(10)：21—24.

[42] 梅夏英. 民法上公示制度的法律意义及其后果 [J]. 法学家，2004，(2)：115—123.

[43] 茅铭晨. 对地方行政许可设定权的若干认识 [J]. 政法论坛，2005，

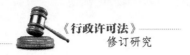
（1）：148－155.

［44］聂帅钧. 行政许可告知承诺制：法律属性，运作逻辑与规范化进路 ［J］. 中国行政管理，2022（8）：26－36.

［45］林树金，徐永涛. 非行政许可审批的司法审查 ［J］. 求索，2012，（6）：243－245.

［46］潘丽霞，陈伯礼，张冠华. 裁量控制视角下的行政许可评价制度研究 ［J］. 中国行政管理，2015，（3）：52－57.

［47］成协中. "放管服"改革的行政法意义及其完善 ［J］. 行政管理改革，2020，（1）：36－44.

［48］彭峰. 敏捷治理时代生态环境行政许可的改革及其限度 ［J］. 行政法学研究，2022，（6）：3－14.

［49］冉瑞燕. 论公共行政中的证据规则 ［J］. 河北法学，2004，（9）：93－96.

［50］孙煜华. 容缺办理行政许可的效力及其风险防控 ［J］. 行政法学研究，2022，（6）：15－28.

［51］石肖雪. 相对集中行政许可权实现机制 ［J］. 法律科学（西北政法大学学报），2022，（4）：138－148.

［52］沈福俊. 论行政证据中的若干法律问题 ［J］. 法商研究，2004，（1）：61－69.

［53］沈楠. 行政许可听证笔录制度研究—基于法条规定的实证分析 ［J］. 公法研究，2016，（2）：48－88.

［54］沈费伟，诸靖文. 数据赋能：数字政府治理的运作机理与创新路径 ［J］. 政治学研究，2021，（1）：104－115，158.

［55］宋华琳. 电子政务背景下行政许可程序的革新 ［J］. 当代法学，2020，34（1）：79－88.

［56］石佑启，陈可翔. 法治化营商环境建设的司法进路 ［J］. 中外法学，2020，（3）：697－719.

［57］王林林. 论侵犯公民合法权益型行政强制措施的检察监督 ［J］. 法学杂志，2019，40（3）：120－130.

[58] 王青斌. 行政撤销权的理论证成及其法律规制 [J]. 法学，2021，
     (10)：34—47.

[59] 滕明荣. 论我国行政处罚的证据规则 [J]. 宁夏大学学报（人文社
     会科学版），2003，(3)：84—99.

[60] 王太高. 行政许可撤销制度研究——以企业工商登记为例 [J]. 法
     治研究，2012，(1)：52—57.

[61] 王敬波. 相对集中行政许可权：行政权力横向配置的试验场 [J].
     政法论坛，2013，(1)：170—176.

[62] 王克稳. 我国行政审批制度的改革及其法律规制 [J]. 法学研究，
     2014，36 (2)：3—19.

[63] 王克稳. 论行政审批的分类改革与替代性制度建设 [J]. 中国法学，
     2015，(2)：5—28.

[64] 王克稳. 行政审批（许可）权力清单建构中的法律问题 [J]. 中国
     法学，2017，(1)：89—108.

[65] 王奇才. "放管服" 改革中的行政许可：功能定位与制度衔接 [J].
     福建师范大学学报（哲学社会科学版），2022，(2)：147—156.

[66] 汪燕. 行政许可制度对国家治理现代化的回应 [J]. 法学评论，
     2020，38 (4)：51—58.

[67] 王利明. 法治：良法与善治 [J]. 中国人民大学学报，2015，(2)：
     114—121.

[68] 徐继敏. 行政裁决证据规则初论 [J]. 河北法学，2006，(4)：11—
     18.

[69] 徐继敏. 美国行政程序证据规则分析 [J]. 现代法学，2008，(1)：
     129—135.

[70] 徐继敏. 相对集中行政许可权的价值与路径分析 [J]. 清华法学，
     2011，5 (2)：79—87.

[71] 徐继敏. 论省级政府配置地方行政权的权力 [J]. 四川大学学报
     （哲学社会科学版），2013，(4)：153—160.

[72] 徐继敏. 国家治理体系现代化与行政法的回应 [J]. 法学论坛，

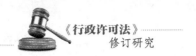
2014，29（2）：24−31.

[73] 徐继敏. 国务院设定行政许可实践研究 [J]. 行政法学研究，2015，（1）：58−65，134.

[74] 徐继敏. 数字法治政府建设背景下《行政许可法》的修改 [J]. 河南社会科学，2022，（11）：20−30.

[75] 徐晓明. 行政许可撤销制度研究 [J]. 行政法学研究，2008，（4）：61−66.

[76] 徐晓明. 建构行政许可注销程序设想 [J]. 理论探索，2008，（1）：137−140.

[77] 徐晓明. 行政许可撤回条件适用问题研究——A 公司与 B 市城市规划局撤回规划行政许可纠纷案引发的思考 [J]. 政治与法律，2011，（9）：155−161.

[78] 徐晓明. 行政许可退出机制理论问题探究 [J]. 浙江学刊，2013，（3）：151−159.

[79] 徐晓明. 行政许可告知承诺制风险防范制度之法治建构 [J]. 法学，2023，（10）：46−60.

[80] 熊威. 论我国自治条例、单行条例行政许可的设定权 [J]. 黑龙江民族丛刊，2007，（2）：12−16.

[81] 席涛. 市场失灵与《行政许可法》——《行政许可法》的法律经济学分析 [J]. 比较法研究，2014，（3）：50−67.

[82] 薛智胜，刘芳. 地方立法视域中营商环境及构成要素比较研究 [J]. 天津法学，2020，36（3）：95−104.

[83] 谢红星. 营商法治环境评价的中国思路与体系——基于法治化视角 [J]. 湖北社会科学，2019，（3）：138−147.

[84] 袁钢. 撤销律师执业许可问题研究 [J]. 行政法学研究，2018，（6）：78−90.

[85] 喻少如，胡志衡. 容缺受理之正当性、性质与完善路径 [J]. 河南财经政法大学学报，2021，（3）：111−122.

[86] 余正琨. 论行政许可设定制度 [J]. 河北法学，2006，（3）：72−

75.

[87] 杨登峰. 论合法行政行为的撤回 [J]. 政治与法律，2009，（4）：59—68.

[88] 袁文瀚. 信用监管的行政法解读 [J]. 行政法学研究，2019，（1）：18—31.

[89] 俞祺. 行政许可设定权的层级分配——基于中国立法实践的研究 [J]. 行政法学研究，2022，（6）：29—40.

[90] 郑琳. 逻辑与进路：行政审批下放制度如何实现地方的有效治理与法治化 [J]. 交大法学，2021，（3）：140—154.

[91] 张树义. 依法行政—行政许可—法治政府 [J]. 中国行政管理，2005，（1）：28—31.

[92] 张定安，彭云，武俊伟. 深化行政审批制度改革 推进政府治理现代化 [J]. 中国行政管理，2022，（7）：6—13.

[93] 邱瑞虹，王东风. 论行政许可设定权 [J]. 法制与社会发展，2000，（6）：88—94.

[94] 郑继汤. 习近平关于构建法治化营商环境重要论述的逻辑理路 [J]. 中共福建省委党校学报，2019，（6）：25—30.

[95] 周汉华. 行政许可法：观念创新与实践挑战 [J]. 法学研究，2005，（2）：3—24.

[96] 周佑勇. 行政许可法中的信赖保护原则 [J]. 江海学刊，2005，（1）：108—111，239.

[97] 赵明. 非行政许可审批概念外延的成本效益分析 [J]. 理论与改革，2014，（1）：151—153.

[98] 朱宝丽. 行政备案制度的实践偏差及其矫正 [J]. 山东大学学报（哲学社会科学版），2018，（5）：168—176.

[99] 朱智毅. 由良法到善治：行政审批改革与《行政许可法》的对接及发展 [J]. 行政法论丛，2013，16：273—288.

[100] 郑雅方. 论我国行政法上的成本收益分析原则：理论证成与适用展开 [J]. 中国法学，2020，（2）：201—219.

[101] 郑子君，周文彰. 以行政审批制度改革为突破口优化营商环境
[J]. 行政管理改革，2022，(7)：59−66.

[102] 章剑生. 行政许可审查标准：形式抑或实质——以工商企业登记为
例 [J]. 法商研究，2009，26 (1)：98−103.

[103] 章志远. 行政撤销权法律控制研究 [J]. 政治与法律，2003，(5)：
18−22.

[104] 朱志辉. 论撤销学位的行政行为性质——由陈颖诉中山大学案引发
的思考 [J]. 高教探索，2006，(6)：23−25.

[105] 周伟. 数据赋能：数字营商环境建设的理论逻辑与优化路径 [J].
求实，2022，(4)：30−42，110.

[106] 占美柏. 有限政府之合法性论说 [J]. 暨南学报（人文科学与社会
科学版），2005，(3)：49−52，139.

[107] 陈育德，陈文忠. 论艺术的互渗性 [J]. 《江海学刊》，1995，(4)：
149−155.

[108] 张钦昱，周钰莹. 个体工商户依职权注销制度之域外考察与本土借
鉴 [J]. 中国市场监管研究，2018，(5)：59−63.

[109] 查云飞. 人工智能时代全自动具体行政行为研究 [J]. 比较法研
究，2018，(5)：167−179.